JN192649

キリスト教学校教育史話

宣教師の種蒔きから成長した教育共同体

大西晴樹

教文館

刊行にあたって

本書は『キリスト教学校教育史話』という題名です。副題は「宣教師の種蒔きから成長した教育共同体」と付けさせてもらいました。開国により来日した外国人宣教師が、この国に種を蒔くことによって芽生えたプロテスタント・キリスト教による学校教育が、文明開化、天皇制絶対主義、産業革命、対外戦争と植民地支配、敗戦と戦後民主主義、経済成長を経て、グローバル化と少子化の時代へと至る近現代史のなかで、どのような歩みをしてきたのか、その残された足跡を辿ってみようというのが本書の目的です。

私は三〇年以上、大学で西洋経済史を講じており、マックス・ヴェーバーの「プロテスタンティズムの倫理と資本主義の精神」に学問的興味を覚えて、教育研究に従事してきました。したがって、日本史や教育史、あるいは、キリスト教学の専門家ではありません。現在は再び教育研究現場に戻りましたが、この一〇年間は、学部長、学長、学院長として、キリスト教学校の運営の職責を果たしながら、業務の間隙を縫って、『キリスト教学校教育同盟百年史』の編纂に従事し、本務校の創立一五〇周年記念を迎えました。その意味において、キリスト教学校教育の伝来とその将来に対しては関心をもち、期待を寄せる者でもあります。

本書には、おもにその一〇年間に発表したものが収録されています。すなわち、講演あり、刊行論文あり、書下し論文ありで、各章によって文体が異なっています。デアル調であったり、デスマス調であったり、西暦年号単独であったり、和年号が補足されていたりしています。読者には、不親切極まりない書物になってしまったのではないかと懸念していますが、講演・論文集という本書の性格を損ねないようにあえて統一をしませんでした。そこで、読者に便宜をはかるべく、各章について、初出と解題を付け加えますと以下のようになります。

第一章「「ピューリタン」ヘボン――その光と影」は今回初出の書下し論文です。本務校の創立者であり、辞典の編集、聖書の翻訳によって、近代日本におけるキリスト教宣教の土台を用意した人物については、これまでは伝記を通じて、「聖人」ヘボンという受け止め方が一般的でした。しかし、近年の研究では、「人間」ヘボンや妻クララの苦悩にも焦点を当てた論文や手紙の翻訳が刊行されるようになってきました。それゆえ、第一章ではむしろ、ヘボンの影の部分にも焦点を当てることにしました。脱稿直後、NHKラジオ第二放送のカルチャーラジオ『歴史再発見』という講座を担当することになり、そのために書いたテキスト『ヘボンさんと日本の開化』(NHK出版、二〇一四年)は、この書下し論文が基礎になっています。

第二章「アメリカ長老・改革教会宣教師ヘボン、ブラウン、フルベッキの功績」は、五港開港一五〇周年を記念して、二〇〇九年一〇月に明治学院大学で開催された英学史学会第四六回大会での記念講演です。これを加筆修正して、明治学院大学キリスト教研究所編『境界を超えるキリスト教』(教文館、二〇一三年)に収録したものを転載しました。W・グリフィスの三部作、ヘボン伝、ブラウン伝、フルベッキ伝を読み較べるうちに、「ピューリタン」ヘボンに気づかされ、掲載の順序は逆になりますが、第一章の叙述方法を確立するための着想を得ることができました。

第三章「二〇世紀初葉の日本基督教会と明治学院」は、本務校である明治学院創立一五〇周年を記念して、二〇一三年九月に明治学院大学で開催されたキリスト教史学会第六四回大会での公開講演です。これを加筆修正して、キリスト教史学会編『植民地化・デモクラシー・再臨運動――大正期キリスト教の諸相』（教文館、二〇一四年）に収録したものを転載しました。外国人宣教師と日本人の教会指導者、大正デモクラシーと植民地朝鮮伝道、明治学院神学部と東京神学社（現東京神学大学）の関係を、明治学院ゆかりの植村正久、賀川豊彦を通じて考察しました。

第四章「キリスト教大学設立運動と教育同盟」は、『百年史紀要』創刊号（キリスト教学校教育同盟、二〇〇三年）に掲載した論文です。キリスト教学校教育同盟（以下、教育同盟と略記）は、二〇一〇年に結成百周年を迎えるに当たり、『百年史』編纂委員会を二〇〇一年から設置しました。キリスト教史学会の会員である私にも白羽の矢が立てられ、二〇〇六年からは編纂委員長を務めました。私が本書を公刊するに至った遠因もここにあります。教育同盟設立の背景について、従来の通説では、一八九九年に発布された文部省訓令第十二号に求められてきました。しかし、本章では、教育同盟結成のエキュメニズム的側面である一九一〇年のエディンバラ世界宣教会議と大学設立運動を重視し、大学設立運動を井深梶之助が指導した第一次運動と田川大吉郎が指導した第二次運動と目標の異なる二つの局面に区分して説明しました。

第五章「神社参拝とキリスト教学校」は、二〇一二年九月に西南学院大学で開催された教育同盟西南地区大学部会における講演を加筆修正したものです。戦前・戦中のキリスト教学校が、「神社非宗教論」のもとに、「国家儀礼」として神社参拝を受け入れていった経緯を述べました。最近の教育史の研究成果によれば、上智大学の靖国神社参拝拒否事件を範例として、植民地であった台湾、朝鮮のキリスト教学校に神社参拝が強制され、とくに朝鮮半島では、神社参拝拒否によって一〇校のキリスト教学校が閉校に追い込まれました。その際、大きな強制力となったのは教育現場に対する民間団体からの暴力的圧力でした。最近の北星学園大学の教員雇用に対する脅迫事件を例にとっても、「信教の自由」、「学問の自由」、「教育の自由」という基本的人権は案外、脆弱な基盤に立っているような気がしてなりません。私たちは、歴史から謙虚に学び、「変えてはならないもの」を未来に対して大切にしていかなければなりません。

第六章「「キリスト教学校教育論」論争史」は、学長在職中の二〇〇八年から二〇一一年にかけて、御殿場東山荘で開催されていた教育同盟の夏期研修集会、いわゆる「夏期学校」や、平和学園、敬和学園、北星学園各校の教職員研修会等において話した講演に加筆修正を加えたものです。「忠君愛国」、「官尊民卑」、「男尊女卑」の時代に、キリスト教教育によって人格の独立と尊厳を説き、わが国における人格教育論に先鞭をつけた新島襄、D・シュネーダー、新渡戸稲造による明治・大正期の論争。「ミッション・スクール」という呼び方を拒否することによって教会からのキリスト教学校の独立を説き、キリスト教会と学校の関係をめぐって交わされた松村克己、小林信雄、関田寛雄らの戦後期の論争。キリスト者教員が減少する中で「キリスト教学校教育共同体論」を唱えた松川成夫らの一九九〇年以降の論争に注目して、キリスト教学校教育が大切にしなければならないものは何かを考察します。

第七章「教育同盟の一〇〇年、そして未来に向けての五つの提言」は、二〇一二年五月に刊行されたキリスト教学校教育同盟百年史編纂委員会編『キリスト教学校教育同盟百年史』の終章を一部修正のうえ転載したものです。現在、日本のプロテスタント・キリスト教学校九八法人が加盟する教育同盟の歴史を、教派の違いをこえた国際エキュメニズム（緯糸）と国家主義へと傾斜する政府の文教政策との対峙（経糸）が織り成す歴史として概観しました。後半は、教育同盟のすべての加盟校にとって未来に希望を託すことができ、教育同盟が今後とも目標としなければならない「未来に向けての五つの提言」を列挙しました。

第一章から第三章までは、私の本務校である明治学院の個別の歴史と重なる部分が多いので、どうしても親しみにくいという読者には、第四章から読み始めることを薦めます。本書が、日本のキリスト教界、とりわけ、キリスト教学校の勤務員に読み継がれ、キリスト教学校教育に関心のある人々に裨益するものであれば幸いです。

末尾になりますが、本書執筆に当たって、いちいち名前を列挙しませんが、私に日本やアジアのキリスト教史への関心を誘ってくれているキリスト教史学会の方々、キリスト教学校史の資料をともに読み、通史を完成まで導いてくれたキリスト教学校教育同盟百年史の元編纂委員や顧問の方々に感謝する次第です。また本書の表紙には、キリスト教版画家として世界的にも有名な渡辺禎雄画伯の作品『空の鳥を見よ』（マタイによる福音書六章二五―三四節）を使わせてもらいました。ご許可を下さった渡辺達雄氏、仲介の労をとって下さった教育同盟元主事の田添禧雄牧師にお礼を申し上げます。

最後に、『百年史』刊行以来、私の原稿の拙さゆえに苦労を余儀なくされている教文館出版部の髙橋真人氏に感謝して筆を擱くことにします。

二〇一五年二月

ヘボン館の研究室にて　大西　晴樹

目次

装丁　熊谷博人
装画　渡辺禎雄

第一章　「ピューリタン」ヘボン——その光と影

はじめに

二〇一三年は、ヘボン塾が遠く幕末の一八六三（文久三）年に横浜居留地三九番に開設されてから一五〇年目に当たる。ヘボン塾の創設者は、アメリカ長老教会海外伝道局派遣宣教医師ヘボン（James C. Hepburn: 一八一五—一九一一）とその妻クララ（Clara M. Hepburn: 一八一八—一九〇六）である。ヘボン自身が表現したように、ヘボン塾がその「いと小さき出発点」（the very small beginning）であるがゆえに、日本最古のプロテスタント・キリスト教学校である明治学院は創立一五〇周年を祝った。また横浜開港資料館も記念企画として「宣教医ヘボン展」を開催、ヘボン所縁の史料を数多く展示し、その業績を多くの来場者に知らしめた。

ヘボンの来日は、日米修好通商条約が締結された年の翌年一八五九（安政六）年であり、神奈川に上陸し、以後三三年間滞在して一八九二（明治二五）年に帰国した。その間ヘボンは、以下の三点において、開国日本の近代化に大きな貢献をした。

第一は、武士と町人の身分や貧富の格差を越えて、無償で提供した近代医学による施療行為である。連日押すな押すなの盛況で、横浜の俗謡の中で「ヘボンさんでも、草津の湯でも恋の病はなおりゃせぬ」と歌われたぐらいヘボンは、庶民に慕われた。

第二は、辞典の編集出版である。その患者たちをはじめ、ヘボンと日本語のやり取りを重ねた日本人を「生ける教師」（the living teacher）として、原音に忠実なローマ字表記を考案、日本で最初の本格的和英辞典『和英語林集成』を編集し、上海で活字を組んで印刷、横浜とロンドンにおいて出版した。明治維新の前年のことである。

第三は聖書の翻訳である。一八七三（明治六）年、岩倉遣欧米使節団の指示により「切支丹禁制の高札」が撤去され、キリスト教の伝道が黙許されるようになったが、聖書の翻訳委員会を組織し、その主要なメンバーとしてヘボンが関わった新・旧約聖書の翻訳・出版は、日本におけるキリスト教宣教の土台を構築したといっても過言ではない。他にも、在日アメリカ長老教会宣教団の指導者として、初代明治学院総理として、教会や学校の設立等に従事したのである。

ヘボン（明治学院歴史資料館所蔵）

さて、ヘボンをめぐる研究状況であるが、高谷道男の研究が長らく学界をリードしてきた。戦後、ヘボン研究を精力的に推進した高谷は、おもにアメリカ長老教会海外伝道局にヘボンが書き送った書簡のうちから一二一通の書簡を選んで翻訳し、『ヘボン書簡集』（岩波書店、一九五九年）を出版した。書簡という第一次資料の翻訳によって、高谷は『ドクトル・ヘボン』（牧野書房、一九五四年）、『ヘボン』（吉川弘文館、一九六一年。以下『ヘボン』と略記）という伝記を上梓した。さらに高谷は、ヘボンの人柄を伝えるべく、実弟スレーターに送った私信を抄訳し、『ヘボンの手紙』（有隣新書、一九七六年、増補版一九七八年。以下、増補版を『手紙』と略記）を出版した。これらの伝記や資料集を通じて高谷が思い描いたヘボン像は、信仰に忠実で、敬虔にして勤勉な「聖人」ヘボンであり、同時代の日本人の表現を用いれば「君子」ヘボンであった。

高谷の伝記からすでに半世紀以上を経た現在、ヘボン研究はおもに三方向での発展を遂げている。

第一の方向は、書簡のさらなる翻訳である。明治学院大学の学生時代に高谷の薫陶を受けた岡部一興は有地美子の協力を得て、来日一五〇周年を記念して『ヘボン在日書簡全集』（教文館、二〇〇九年。以下『書簡全集』と略記）を刊行した。これには、高谷による書簡集に収録された書簡にプラスして、九四通の長老教会海外伝道局宛書簡、そして明治学院歴史資料館と横浜指路教会所蔵の二〇通が翻訳され、ヘボン三三年間の在日時代と帰国後の書簡二三五通がすべて掲載されている。新たに収録された書簡には、高谷が意図的に収録しなかったと思われる――海外伝道局との金銭面や人事面をめぐる攻防についてのものや、クララ夫人が代筆した――書簡が含まれ、市井人、家庭人としての「人間」ヘボンを髣髴とさせる内容が綴られている。

第二の方向は、明治学院大学キリスト教研究所『紀要』に掲載された一連の実証論文である。佐々木晃はグリフィスによるヘボン伝（W. E. Griffis, *Hepburn of Japan, And His Wife, and Helpmates*, Philadelphia, 1913）を高谷の監修の下に翻訳し、『ヘボン――同時代人の見た』（教文館、一九九一年。以下『ヘボン伝』と略記）を出版したが、その後『紀要』に「ヘボンの中国伝道（上）」（第三〇号、一九九八年。以下「佐々木A」と略記）、「ヘボンの中国伝道（下）」（第三一号、一九九九年。以下「佐々木B」と略記）、「もう一束のヘボンの手紙」（第三三号、二〇〇一年。以下「佐々木C」と略記）を発表、書簡の読解を通して、辛酸をなめた中国伝道やアメリカ帰国後のヘボンの苦悩に焦点を当て、「人間」ヘボンの濃淡をより鮮明に彫琢している。また司馬純詩「アジアが遠くにあった頃——ヘボンのアメリカ」（第四二号、二〇〇九年）、渡辺英男「イーストオレンジにおけるヘボン」（第四四号、二〇一一年）、「ニューヨークにおけるヘボン」（第四五号、二〇一二年）は、アメリカにおけるヘボンの足跡について、不動産譲渡証書記録や住宅まで記載した詳細な地図を駆使して、従来の通説に修正を迫っている。たとえば、司馬はペンシルヴァニア州ミルトンの生家の所在地に疑問をはさみ、渡辺は、ヘボンがニューヨークの開業医時代に「三軒の広大なる住宅や別荘」を所有していたことを否定している。在日アメリカ長老教会宣教団の指導者の地位をヘボンから継承したW・インブリーについて、研究書をものした中島耕二は、「ヘボン家の人々」（第四五号、二〇一二年）において、一六世紀のスコットランド時代にまで遡ってヘボン家の出自や系譜を調査した。ヘボン関連年表の作成に従事した故・石川潔の「ドクトル・ヘボン神奈川宿での一一六九日」（第三八号、二〇〇六年）、「横浜居留地三九番でのヘボン」（第三九号、二〇〇六年）は、ヘボンの足跡を丹念に追っている。

第三の方向は、同時代人との関係におけるヘボンという視点から、関連する諸領域に関する資料を駆使して、同時代人のヘボン理解を再構成した単行本である。文化との関連に言及したものに、望月洋子『ヘボンの生涯と日本語』（新潮社、一九八七年）、村上文昭の『ヘボン物語——明治文化の中のヘボン像』（教文館、二〇〇三年。以下『物語』と略記）、その続編とも言うべき『ヘボン先生、平文さん』（武蔵野書房、二〇〇九年）がある。医療との関連に言及した小田泰子『医師ヘボンとその時代』（丸善仙台出版センター、二〇〇四年）、ジャーナリズムとの関連に言及した内藤誠『ヘボン博士のカクテル・パーティ』（講談社、一九九三年）などがある。

本稿では、「聖人」ヘボンから「人間」ヘボンへという研究動向を踏まえながら、高谷の『ヘボン』に大きな影響を与えたグリフィスの『ヘボン伝』から検討したい。なぜなら、本書第二章で指摘するように、グリフィスの初期来日宣教師三部作のうち、『ヘボン伝』は一九一三年に出版されたが、フルベッキの伝記（*Verbeck in Japan: A Citizen of No Country*, New York, 1900. 松浦玲監修・村瀬寿代訳『日本のフルベッキ』洋学堂書店、二〇〇三年）、ブラウンの伝記（*A Maker of New Orient, Samuel Robbins Brown, Pioneer Educator in China, America and Japan*, New York 1902. 渡辺省三訳『われに百の命あらば』キリスト新聞社、一九八五年）と比較した場合、これら二人の伝記よりも、はるかに信仰的、内面的要素が強調された内容となっているからである。あえて言うならば「ピューリタン」ヘボンとも言うべき独特の人間像を構築しているのである。

グリフィスのヘボン像が、高谷による「聖人」ヘボン像の構築に一役買ったことは間違いない。この「ピューリタン」ヘボン像にメスを入れることによって、ヘボンの光と影を明らかにすることができれば幸いである。

一 「ピューリタン」ヘボン像の脱構築

アメリカ・オランダ改革教会の牧師であり、幕末から維新にかけて理化学教育のために四年間「お雇い外国人」として日本に滞在したグリフィスにとって、初期の長老・改革教会宣教師であるヘボン、ブラウン、フルベッキはいずれも知己の仲であり、グリフィスの帰国後も彼らとの書簡のやり取りは続いた。グリフィスはヘボン伝の緒言において、ヘボンの辞典編集、聖書翻訳、医療奉仕等の顕著な業績について列挙した後で、わざわざこのように述べている。

「これらすべては、いわば外側の困難に対して得た彼の勝利であったが、博士の主たる勝利は自己の克服であった。ヘボン博士には、例えば韓国のアペンゼラー、日本のフルベッキ、「新しい東洋の創始者」S・R・ブラウン等に見られるような気質は見られない。……ヘボンの場合は、その気立ての点では非常に用心深かった。奉仕に関しては驚くほど精励で、かつ絶えず己に厳格であった」(『ヘボン伝』一六頁)。

ヘボン自身も、来日一九年目の一八七八年、聖書翻訳を除いてほぼ日本での働きを成し遂げた時期に、スレーター宛ての手紙でその敬虔な信仰をこのように表明している。

「わたしはもう自分の働きが終わりに近づいたように、たびたび感じることがあります。わたしがなしとげた一切のことのうち、大いなること、また多くの不完全なことは、わたし自ら灰をかぶって身を低くすべきことであるように思われます。かつまた、主はかくまで長く、私を守って下さったことを不思議に思っています。わたしはこれらの業績はもちろん、自分自身を信じていません。ただキリストがわたしのためにして下さったことのみ信じるのです。すなわち、十字架の血による贖い、罪の赦しの約束、神に受け入れられること、これが唯一の望みなのです」（『手紙』一三四頁）。

手紙の随所に見られる神中心主義的なヘボンの敬虔な信仰、これこそ、グリフィスを感嘆せしめたものであり、ヘボンの信仰の顕著な特徴をなすものなのである。

じつは、グリフィスは、伝記を書くことを理由に、ヘボン本人に本格的な資料の提出を求めたところ、ヘボンから色良い返事をもらえなかった経緯がある。

「グリフィスやその他の人々が、わたしの生涯と業績について、いろいろと君〔スレーター――筆者挿入〕に手紙を書き送っており、わたしもこの種類の手紙を受けとっています。四、五年前に、死亡者の略伝を書くに十分な材料をグリフィスに書き送ったことがあるが、わたしは全くそうしたことを好まない。世間にもてはやされるに価しないと考えています。自分はただ普通の能力と学識をもった一個の人間にすぎない。他の人がなし得ないようなことを何もやっていないのです。もしわたしが何か成し得たものがあるとするならば、それは一つの仕事を完成するまで、その一事に徹しても守り通して来たその辛抱強い勤勉さによるのです〔傍点翻訳者〕。自分は彼らの要望に応じたいとは思いません」（『手紙』一二二頁）。

このように敬虔な信仰とそれに付随する勤勉さは、グリフィスの「ピューリタン」ヘボン像の構築の論拠を提供している。それゆえ、生前のヘボンから思うような資料を提供されなかったグリフィスは、かつてクララ夫人から伝記作家として適任であると言われたことを理由に、ヘボンの死後、伝記の叙述に乗り出したのである。

「そこで私は博士の没後、博士の息子サムエル・ヘップバーン氏の招きと要望に応じて彼の父の家を訪れた。サムエルは父が残した日記や、そのほか生前の博士を知る手がかりとなりそうな資料を私に示し、のちにそれを送ってくれた。私は私の友――生粋のアメリカ人であり、キリストに仕えた忠実な武士、全人類を愛してやまなかったヘボン博士――の生涯を書き記すという最も自分の性分にあった仕事にとりかかったのである」(『ヘボン伝』八頁)。

ヴェーバーは「プロテスタンティズムの倫理と資本主義の精神」において、近代の英米における禁欲的なプロテスタントの倫理と合理的で市民的な資本主義の精神の関連を明らかにした。二重予定説、すなわち、神は人間を選びと滅びに予定し給うたというカルヴィニズムの救済説は、人間は行為によって選ばれることはないが、選ばれ、恩恵の地位にあることを自ら「証明」(proof) することはできるという確信を人間に与えた。そのため、人間は、無駄なおしゃべりをやめ、一秒一刻を大切にして、「職業」を神から与えられた「召命」(calling) として禁欲的な職業労働に邁進するのである。それが近代資本主義に影響を与えたピューリタンの精神的推進力であった。またカルヴィニズムがもつ神の絶対的主権の考え方から、「被造物神化の拒否」(Entzauberung) の論理を徹底

マックス・ヴェーバー

し、現世において身分や地位の相違を超越した神の前における「人間の平等」の思想が出てくる。すなわち、私たち現世の人間は、身分、地位、国籍、収入、身長、学歴、成績等、あらゆる尺度で「人を分け隔て」(in respect of persons) しているが、カルヴィニズムの神は、選び以外の問題で、「人間を偏り見られることはない」(God is no respecter of persons)。「人間の如何にかかわらず」人間を平等に扱う公平無私の神であった。そこに近代市民社会の基盤をなす市民的合理主義の宗教的根拠があるとヴェーバーは主張するのである。

ヘボンの確信に満ちた、敬虔な信仰は、じつはヴェーバーが描いた禁欲的なピューリタンのそれであった。ヘボンは「私の両親は敬虔なキリスト信者で、六人の娘と二人の息子が、神を恐れ、安息日を守り、教会に通って聖書を学び、『〔ウェストミンスター──筆者挿入〕信仰問答』を暗唱するように育てました」(『ヘボン伝』二〇頁) と自らの宗教的背景を語っており、グリフィスがヘボンのカルヴィニズムを説明するさいに引用した一節は、若きヘボンが捕鯨船で中国伝道に妻クララと苦労して向かう「航海日誌」から読み取ることができる。

「主の僕になる決意を告白して以来のこの六年間でさえ、どれだけ多くの時間が誤って費やされてきたことか。不信仰、堕落、世俗の誘惑の故に無為に費やした時間、無意味な会話、愚かでよこしまな心の思い、怠惰な生活の営みの中で無駄に過ごした全ての時間を差し引いたら、一体どれだけの時間が残るであろう。……神の掟は常に神に対する愛を動機として行動することを人間に要求する」(『ヘボン伝』三五─三六頁)。

ここには明らかに、カルヴィニズムの二重予定説を信奉したピューリタンと同じ想いに駆り立てられている若きヘボンが描かれている。時間を無駄や怠惰に過ごすのではなく、神に対する愛のために過ごさなければならない。そのような想いは、勤勉な生活態度を促し、ヘボンにとって、信仰に堅く立つことは、すなわち、勤勉であることを意味した。それから四〇年後の一八八〇年、ヘボンがすべてに関わった新約聖書の日本語訳がほぼ終わりに近づいた時、スレーターに宛てた手紙ではこう述べている。

「主がわたしを用い給もうたこと以外、わたしは何らの功績もありません。この成果はわたしが他の人々よりも才能があったためではありません。否、学識と文才においてわたしは同労者の多くの方々にはとても及びません。もしわたしが何かを完成したとするならば、それはわたしが勤勉であったことと、自分が企てたことにしがみついてコツコツとやって、やり通したことです。わたしのような貧しい器を用いて、わたしがなそうとしたことを成就せしめ給もうたことを主に感謝するのです」（『手紙』一四一頁）。

この文章から、ヘボンの敬虔さが勤勉さを促している様子が読み取れる。グリフィスは、この勤勉さがヘボンの性格ではなく、信仰に由来するものであることを述べている。

「博士はいかなる労苦をも聖別された労苦と解してこれに屈せず、何時も自ら進んでそれを担うように努力していた。この堅実な生活態度を神への熱情的な忠誠心から自ずと生ずる態度であることに気づかず、単に彼自身の性格によるものと解釈することは間違いであった。……〔在日の──筆者挿入〕三三年間、毎日朝は五時から夜は一〇時まで、蔦が壁を這い上がって伸びていくのに似た粘り強さで与えられた仕事に明け暮れた」（『ヘボン伝』三二─三三頁）。

高谷によれば、ヘボンの暗誦聖句はコリントの信徒への手紙一の一五章五八節「主の業に常に励みなさい。主に結ばれているならば自分たちの苦労が決して無駄にならないことを、あなたがたは知っているはずです」〔新共同訳〕であった（『ヘボン』一九五頁）。ヘボンは、「主の業」すなわち、神から与えられた「召命」に常に励むことが何がしかの結果を産み出すことを、この聖句を用いてヘボン塾の初期の塾生たちに教えたのである。

さて、勤勉さとならんで、ヴェーバーの言う禁欲的プロテスタンティズムのもう一つの側面、神の絶対主権の強調による「被造物神化の拒否」は、ヘボンにどのような態度をもたらしたであろうか。グリフィスは、「キリストの内在」を告白する異邦人伝道者パウロに似せてヘボンをこう描いている。

「「生きているのは、もはや私ではない。私の中にあって生きたもうキリストである」というパウロの告白は、ヘボンの告白でもあった。「私を強めて下さる方の中に生きて、初めて全てのことをなし得る」。これは生来控え目な博士に内在する確固たる信条であって、気性や性格の関与する余地はそこには存在しなかった。当時の日本人に「君子」と呼ばれたアメリカ人ヘボンのこの気高い生涯を支え続けたものは聖霊の働きであり、神への忠誠心であった」（『ヘボン伝』三三頁）。

グリフィスはこの点においても、ヘボンの性格ではなく、信仰を強調するのである。ヘボンが宣教医師として、武士と町人の身分や貧富の格差を超えて無償で施療し、その患者たちをはじめ、ヘボンと日本語のやり取りを重ねた日本人を「生きた教師」（the living teacher）として辞典づくりに励んだことは、

「人間の如何にかかわらず」ヘボンが人々を公平に扱ったことと深く関連しているのである。

「神を中心に生きる自己の内奥にのみ人生の価値を見いだそうと試みた博士は、寛大な態度で、見解を異にする人々に接しつつも、目まぐるしく変遷する時代とともに変貌する思想に対しては全く関心を抱かないように見えた。無学な人、自尊心の強い人、血気にはやる者にも決して高圧的な、尊大な態度をとらず、何時も医者にふさわしい態度で接していた」(『ヘボン伝』一六頁)。

近年のヴェーバー研究において、「禁欲的プロテスタンティズム」の評価をめぐって論争が交わされた。山之内靖、姜尚中《カンサンジュン》は、近代社会を形成するのに大きな役割を果たした「禁欲的プロテスタンティズム」に、抑圧的な「反人間性」(unmenschlichkeit)がそもそも内包されていると批判するのに対して、柳父圀近は、「禁欲的プロテスタンティズム」の「非人格性」(unpersönlichkeit)が公平な市民社会の形成に貢献したという点において、ヴェーバーを擁護したのである(柳父圀近『ウェーバーとトレルチ』みすず書房、一九八三年、第八章参照)。

この論争に注目するのは、「ピューリタン」ヘボン像を構築したグリフィス自身が次のように述べているからである。

「残念なことに、博士のこの充実した幸福な人生の秘訣は必ずしも全ての人々に理解されたとは言えない。ある人はヘボンを評して「人情のない冷たい宣教師」(a cold-blooded missionary)と言った。けれどもそうは言いながらも、彼らもまた無意識に博士に敬意を払わずにはいられなかった。というのは、活力をやたらに感情や感傷で発散する人とは異なり、「無駄な感情」(ineffectual emotions)に対して非情な博士は極めて冷静であったからだ」(『ヘボン伝』三七頁)。

ヘボンの「禁欲的プロテスタンティズム」がもつ隣人愛の「非人格性」の側面は、他者に対する公平無私な態度をもたらし、それが、ヘボンをして「聖人」あるいは「君子」と呼ばせる原因であったことは十分に理解可能である。しかしながら、「人情のない冷たい宣教師」とまで言われる側面については、果たしてどうなのか。グリフィスは、この指摘を「強い義務感の故」ヘボンに向けられた言葉と見なしている(『ヘボン伝』三二頁)が、「ピューリタン」ヘボンの人生の軌跡を振り返ると、ヘボンが常に「聖人」で、「冷静」であったわけではないことに気づく。「ピューリタン」ヘボンの信仰には、光と影が伴っていたのである。

二　召命と東洋伝道の試練

ヘボンは一八一五年三月一八日、ペンシルヴァニア州ミルトンに生まれた。父のサミュエルはプリンストン大学出身の法律家であり、ヘボン自身はその教派名を語らないが、母のアンニ・クレーは監督教会(アングリカン)の牧師の娘であった。父方は、曾祖父の代にスコットランドからアイルランドに渡り、さらに一七七三年にペンシルヴァニア州へ移住した富裕で、生粋の長老教会信徒の家系(スコッチ・アイリッシュ)である。ヘボンには、弟と六人の姉妹がおり、弟のスレーターは、プリンストン神学校出身で長老教会の牧師であり、妹サラの夫であるジェームス・ポロックは州知事を務めた後、リンカーン大統領の指名を受けてフィラデルフィア造幣局長を務め、アメリカの貨幣に"In God We Trust"（「主を信じて」）と刻印させた人物である。

ヘボンは、一八三一年一六歳の春に飛び級でプリンストン大学三年に編入し、一七歳の秋に卒業した。両親は牧師になることを願い、それが叶わなければ、父親はせめて法律家になることを望んでいた。しかし、生来無口で、控え目なヘボンは弁論でもって世に処することを欲せず、ペンシルヴァニア大学医学校に進学した。一八三六年に二一歳で「医学博士」（Medical Doctor）の学位を得て卒業した。当時の卒業年齢が低いのは、移民の増加によって生起した専門職の不足というアメリカの社会事情と関連している。ヘボンは脳卒中の研究をしたが、ペンシルヴァニア大学医学部は眼科の研究教育がもっとも充実していたので、ヘボンは眼科医としてもすぐれていた。

プリンストン大学ナッソーホール

ところで、ヘボンに宣教医師としての献身を決意させた時期と動機はどのようなものであろうか。ヘボンが育った一九世紀前半は、アメリカが海外伝道に乗り出した時期でもあった。アメリカン・ボードが設立され、五組の宣教師が東洋に最初に派遣されたのが一八一二年であり、ヘボンは、特に外国伝道に関心をもつ母親の下で育った。またヘボンがプリンストン大学に在学中の一八三一年から三二年にかけて、大学構内で突如起こった信仰大覚醒（リバイバル）でヘボンは初めて自分と神との関係を真剣に考え、それがヘボンの関心を外国伝道に向けた。
「プリンストン大学時代の学友の中に、ハワイの初期の宣教師となったリチャード・アームストロングや、後にアフリカに行ったマシュー・レアードがいた。プリンストン大学、ペンシルヴェニア大学医学部で学んだ時代に影響を受けたのはマシュー・B・ホープで、彼もまた後に宣教師となってシンガポールへ行った。「彼らとの信仰を通して受けた影響が私の心をいつか外国伝道へ向けたのです」」（『ヘボン伝』二九頁）。

そして、宣教医師としての決心をしたのは、一八三四年の冬、ペンシルヴァニア大学医学校の講義を聴いていた時である。

「その年のことでありますが、ペンシルヴァニア州ミルトンの長老教会に加わることになりました。そのときから宣教医師として外国に行くべき使命感が切々と私の胸に迫ってきたのであります。最初は必ずしも喜んで宣教の道に進もうとはしなかったのですが、だんだんそれが厳粛なる義務として感ぜられるようになりました」（『ヘボン』一五―一六頁）。

だが、ヘボンは家族の反対を受けることになる。

「「み国を来たらせたまえ」と熱心に祈る一群のアメリカ婦人の指導者であった母は、わが子に母の心の願いを伝えずにはいられなかった。けれどもいよいよ愛するわが子が自らの前途を選択する時が到来したとき、一八四三年以来彼の心の中に温められてきた「地の果てに赴く決心」に同意することは、母親として耐え難く、辛いことであった。……「私の家族、特に父は私の考えに強く反対しました。何とかして私の決心を翻させようと努力していました。私自身も、決意を断念すべきか否かについて迷い、悩みました」（『ヘボン伝』三一頁）。

ヘボンは一八三八年九月にペンシルヴァニア州ノリスタウンで開業した。いかに使命感が強かろうと、両親の賛同を得られずに悶々としていたヘボンに力を与えたのは、クララ・リートとの出会いであり、一八四〇年一〇月の彼女との結婚であった。クララは、先祖がコネチカット州知事をしたことのある家柄の出身で、ノース・カロライナ州ラファイエットの実家から、従兄弟がノリスタウン・アカデミーの校長をしていた関係で教師としてノリスタウンに赴任していた。ヘボンはこう述べている。

「『行こう』と決心がついた時、初めて私は心に安らぎを覚えました。万事は私の外国行きに好都合に運びました。特に同じ思いで、一緒に外国へ行く心の用意が出来ていた妻を与えられたことが無上の好条件でした」（『ヘボン伝』三一頁）。

クララとの結婚式を終え、新婚旅行を兼ねて航海に出るつもりでいたヘボンは「新たに国交が成立したシャム（現タイ）に渡り、当時かなりの人口を占めていた当地の中国人の間に住んで仕事をせよ」という長老教会海外伝道局の要請に応じて準備に取りかかった。派遣先はとりあえずシャムであった。中国は鎖国していたので、まずそこで中国人に福音を宣べ伝えて、中国の開国に合わせて待機する予定であった。いかに献身の決意があったとはいえ、若い二人にとって東洋伝道は茨の道であった。

予定していたユナイテッド・ステイツ号に乗り遅れたために、古くて小さな捕鯨船ポトマック号に乗って航海せざるをえなかった。当然両親の見送りはなく、一八四一年三月一五日、青年医師は新妻を伴ってボストンを出港した。ヘボン二六歳、クララ二三歳であった。航海中クララは九〇日余り狭い船室に閉じこもったまま辛い航海に耐えなければならなかった。五月一二日、クララは初めての子を船中で流産した。その翌日は大時化であり、「航海日誌」にはこう記されている。

「船体は上下左右に激しく揺れ、クララは何度も寝台の両側に激しく叩きつけられた。あれ狂う大波は甲板を洗い、船室に流れ込み、横なぐりの風は帆柱や索類に間を吠えながら吹き抜けた。……あらゆる音で夜の恐怖はつのるばかりであった」(『ヘボン伝』四四頁)。

佐々木は「外国伝道へのはやる気持ちが二人の常識を超えた行為に駆り立てたのだろうか」(佐々木晃「憂愁のヘボン」明治学院人物列伝研究会編『明治学院人物列伝』新教出版社、一九九八年、三二頁)と述べているが、既に身重になっていたクララを三ヶ月以上の船旅に同伴した医師ヘボンの無謀さをどのように理解すればいいのであろうか。

さて、船はバタビアを経て、七月一二日にシンガポールに上陸した。そこで、華僑の教育に当たりながら将来に備えて中国語を学びながら二年近くを過ごし、将来日本で二〇年間一緒に働くことになるオランダ・アメリカ改革教会の宣教師ブラウンにも出会っている。しかし、シンガポール滞在一年後に伝道局に送った書簡においてこう述べている。

「「伝道のために費やされるならば無駄ではないと断言するには余りにも時間と労力の無駄が多すぎる」。

私の時間もかなり多くが学校で教えることに取られてしまっています。それに病気も手伝って私の勉強も思うに任せません。それでも毎日主に潰瘍と皮膚病に罹っている中国人を診療しています。殆どが長患いで、治療困難な病状です。……神の摂理は未だ私達には及んでおらず、失望しています。従って当地に到着以来宣教活動に関する喜ばしい報告は何ひとつ出来ない有様です」(「佐々木A」一二三―一二四頁)。

コロンス島から見るアモイの市街地(横浜開港資料館所蔵)

「失望」を伝えるこの報告書は、遅々として捗らない宣教活動への焦りを感じさせるものである。

一八四三年にアヘン戦争が終わり、中国伝道の道が開かれることになった。ヘボン夫妻は、中国出発直前に男児が与えられたが、数時間で失った。その悲しみと、中国伝道の大志を抱いてヘボン夫妻は一八四三年六月九日にマカオに到着した。そこで、中国医療伝道会への入会が許され四ヶ月滞在した。

夫妻は、シンガポール待機中に学んだ中国語福建方言がアモイで通用することを理由に夫妻は英軍占領下にあるアモイに移動し、外国人居留地であるコロンス島に住んだ。特定の教派には属さない宣教医師W・H・カミング博士と一緒にコロンス島で施療活動に従事し、次いでアモイで施療所を設けた。アモイにおける施療所の活動は盛んであった。一八四四年二月一日から一八四五年七月一日までの一年半の間の表には、一八六二人の患者数と外科手術患者数四九人が記されており、日曜日の礼拝出席者数も、そのほとんどが施療所の患者であるが、六〇人から一〇〇人と報告されている（「佐々木B」一二四頁）。

しかしながら、ヘボン夫妻は数ヶ月も経たないうちに、マラリアに冒されて倒れてしまい、妻とそこで生まれた息子サミュエルの健康を案じたヘボンは「私の妻と息子の健康状態は非常に悪く、妻は神経衰弱にかかっている。私に出来る限りの手当てはしているが、そうしながらも、再び自分に試練の時が迫ってくる予感がする」（「佐々木B」一三二頁）と述べて、一旦マカオに後退した。健康の回復を待ったが、逡巡の末に帰国を決意した。一八四五年一一月三〇日にパナマ号に乗船し、ボストンを出発して満五年目の一八四六年三月一五日、失意の果てにニューヨークに到着した。

後日談としてヘボンは、若さと献身の情熱に押されて出発し、失意の果てに撤退した東洋伝道を日本伝道への「準備」として位置づけている。

「いつも思うことですが、中国における私の最初の宣教師としての生活と経験とは、日本における第二の、そして更にもっと重要な伝道事業の準備であったと考えています。かつまた私の歩む人生の一歩ごとに、叡智と愛にみちた天父の聖手をさぐることができます」（『ヘボン』三〇頁）。

しかし、その「準備」は、語るに窮するほどヘボンにとって辛いものだったのではないだろうか。グリフィスが伝記の執筆にあたって、中国伝道時代のヘボンの報告書を海外伝道局本部に資料として請求してきた時、ヘボンは伝道局主事に対して、自分の報告書をグリフィスに見せないでほしいと言っており、さらにはグリフィスから直接中国伝道について語ることを求められた時も、中国伝道については、通り一遍の簡単な報告文を書き送ったにすぎなかった。東洋伝道時代のヘボン書簡を解読した佐々木は、このようなヘボンの態度に言及して「心の迷い多く、失意に陥りやすく、あの南シナ海の船上で記した心境の繰り返しの時代であって、伝記となって後世に残されるのを避けたかったのではないか」(「佐々木B」一四六頁)と推測している。

三　勤勉さと宣教の土台構築

ヘボンは、ニューヨークにおいて一三年間開業医をしながら、再び、海外伝道のチャンスの到来を窺っていた。その間、ヘボンは、サムエルの弟としてニューヨークで生まれた五歳、二歳、一歳の三人の男の子をそれぞれ流行病で亡くしている。外国人居留地内での礼拝を許容した日米修好通商条約が締結されると、ヘボンは、開国間もない日本へ宣教医師として赴任することをアメリカ長老教会海外伝道局に志願して、承認された。一四歳になるサムエルの教育を配慮して、一人息子を知人に預け、一八五九年四月二九日、ヘボンとクララはサンチョ・パンザ号で新たな宣教の地日本へ向けて出帆した。ヘボン四四歳、クララ四一歳であった。

新婚旅行を兼ねて慌ただしく船出した東洋伝道とは異なり、日本伝道へ向かう旅は比較的落ち着いた航海となった。

「ニューヨーク出帆以来、初めての機会を利用して、わたしどもの航海の様子をお知らせします。……ジャワまで約八七日です。航海中ずっと至極健康で元気です。読書をする時間はあまりありませんでしたが、『日本語文法書』と『約翰《ヨハネ》福音之伝』とは長い航海中、非常に有益でありました。それですから、今では日本字を読むのに苦労しません。かなり満足できる程度に翻訳することもできるようになりました。……船中での待遇もなかなか良く、食事も豊富でした。わたしどもの心の奥に神の臨在を感じて、少なからぬ平和と慰めを経験し、神に対する信頼の念をいよいよ強くしました」(『書簡全集』一七頁)。

この船中書簡を読むかぎり、ヘボンの落ち着きは、船旅の快適さのみならず、日本語の習熟度の高いことに起因しているように思われる。

ヘボンが著作者について明言していない『日本語文法書』については、意見が分かれる。高谷は、ヘボンが『和英語林集成』初版序文で挙げているイエズス会の『日葡辞書』(一六〇三年、長崎コレジョ刊行)ではないかと推測するのに対して、望月洋子は、出島のオランダ商館員ドンケル・クルチウス編J・ホフマン補遺『日本文典例証』(一八五七年)ではないかと推測している。キリシタン時代の文献なのか、一九世紀のオランダ商人の文献なのか意見が分かれるが、いずれにせよヘボン以前に日本で活動した外国人による文献であることは確かである。ヘボンは、来日以前からすでに「日本語文法書」を読んでいたことになる。

また『約翰福音之伝』も東洋伝道の際に入手したものである。この最初の日本語訳聖書は、プロシャ出身の入華宣教師K・ギュツラフによって翻訳され、一八三七年にシンガポールのアメリカン・ボード印刷所において印刷出版された。ギュツラフは、北米に漂流し、英国経由でマカオに来た岩吉、久吉、音吉の三人の船員から日本語を学び、片仮名でヨハネ伝とヨハネ書簡を翻訳したのである。ヘボンはシンガポール滞在中に『約翰福音之伝』を見つけ、ニューヨークのアメリカ長老教会海外伝道局に送り届けたが、来日に際して、再びこれを受け取り、航海中、日本語研究の一助にした。その意味で、ヘボンの現地語習熟度は、前回の東洋伝道のさいの中国語のそれをはるかに上回るものであったことが容易に推測可能である。この語学力が、日本上陸後のヘボンに冷静な分析力を与え、辞典の編集や聖書の翻訳、施療活動の成功を用意したといえよう。

カール・ギュツラフ編訳『約翰《ヨハネ》福音之伝』
（東京神学大学所蔵）

ヘボン夫妻はジャワ島の次に香港、上海、長崎と寄港し、長崎からはデント商会の汽船で一八五九（安政六）年一〇月一七日夜に神奈川沖に到着し、翌一八日上陸、住居を神奈川宿成仏寺に定めた。ヘボンは幕末の日本を「封建的な幕府」対「親しみのある民衆」という図式で捉えていた。

「もし日本がすみやかに、そして明朗な精神をもって外国と友好関係を結ぶならば、非常にプラスになるでしょうが、しかし、それには多くの困難があることと思います。

幕府は臆病であり、外国人を恐れ疑っております。しかし、人民はごく丁寧で親しみがあります。――政府は封建的ですが、福音は彼らの中に一大革命を生じることになるでしょう」(『書簡全集』一二三頁)。

また日本人の国民性や性格については、「日本人は明敏な知性と好奇心を持ち、知識、ことに長い間鎖国して交通しなかった外国の知識をむさぼるように求める旺盛な知識欲を持っているのです。……彼らの心は何らの先入観を持たず、新奇な実益あることならば、喜んで摂取しようとしているのです」(『書簡全集』五四頁)。それゆえ、ヘボンは、日本人を丁重に扱えば恐れることはないと考えていた。

「数カ月前まで当地で一般的であった、わたしどもの身の安全に関する心配や恐れは、なくなったように見受けられます。わたしどもに関しては何事も静かです。人々は礼儀正しく、友好的にしようとしているように見受けられます。彼らを丁重に扱うならば、何も彼らを恐れることはないと思います。しかし外国人たちは、これら幾分未開な諸国の人々に、残忍で高慢になりやすく、結果として彼らの悪意と憎悪を受けております」(『書簡全集』六七頁)。

幕府は、宣教師を警戒して監視の眼を光らせており、スパイを送り込んでいた。

「幕府が、わたしどもに対する厳しい監視を緩めたのかどうか分かりません。しかし彼らは、商人や領事に対する以上にわたしどもを監視しております。彼らは疑いもなく、わたしどもが何者であるか、またわたしどもの目的が何であるかを知っております。しかし、わたしどもを特別に恐れてはいないように見受けられます。わたしどもが人々と交わることに対する幕府の干渉は、今やわたしどもの前途に横たわる大きな障害となっております。これは、疑いもなく、そのうちには、すべて解消するでしょう」（『書簡全集』六六頁）。

来日後の海外伝道局宛の報告書簡を読むと、ヘボンの旺盛な日本語習得欲は次第に日本語研究へと深化し、辞典の編集・出版、聖書の翻訳へと結実していったことが分かる。上陸の二ヶ月後には、早くも次のように述べている。

「言語の研究だけは怠けていません。他人の助けなしで下僕や、大工や労働者と会話をしなければならなかったのです。けれども、それがために日本語が大分上達したので、もっと組織的に研究したいし、またもっと時間をそれに用いたいと考えています」（『書簡全集』二六頁）。

その三ヶ月後、幕府の干渉を払いのけて弥五郎という日本語教師を得たことを報告している。

「やっと日本人教師を得ました。三二歳の医者で、なかなか学識のある日本人です。……彼は役人の疑惑を刺激しないよう最大の注意を払って、変装してきたのです。そして彼を雇い人としてわたしの家に住まわせました。それが一番安全な処置だったからです」（『書簡全集』四〇頁）。

来日二度目のクリスマスには、辞典の編集、聖書の翻訳という前人未踏の領域へ足を踏み入れる決意をこう述べている。

「ただ日本語の勉強はできるかぎり一生懸命にやっております。日本語は大変難しくわたしが予想していたよりもはるかに難しい国語だということに気がつきました。しかし私は別に恐れてはいません。忍耐すれば日本語に熟達することもできないことでもありません。切り開いていかなければならない大きな困難はほかでもありません。それはわたしどもよりも以前にわたしどもほど日本語を研究した人がいないということなのです。たとえ何らかの手助けがあったにしても、結局はわたしども自身でやり遂げなければならないからです。

わたしは日本語の大要をほぼ完了いたしました。日本語の辞書を編集することによって日本語を研究しているのです。日本字で書いてあるやさしい書物をいくらか読んでおります。そして聖書を日本語に訳し始めることのできる日が一日も早く来ることを望んでおります」(『書簡全集』六八頁)。

その二ヶ月後、「ブラウン氏とわたしとは、マルコ伝を翻訳する上に大切な手引きとしてこの漢文の聖書を、日本文に訳し直すことによって、さらに多少の進歩を見た」(『書簡全集』七五頁)と聖書の翻訳にも着手したことを報告している。

日本語研究の脈絡において気になるのは、以下の文面である。すなわち、海外伝道局J・C・ラウリー主事宛に「『日本語文法書』と『和仏辞書』の上巻を受け取ったことを申し上げていなかったのではないかと懸念しております。以上の二書は無事入手いたしました。珍重しておりますから、どうぞよろしく」と述べている点である(『書簡全集』一四四頁)。これらの二書について、明治学院大学図書

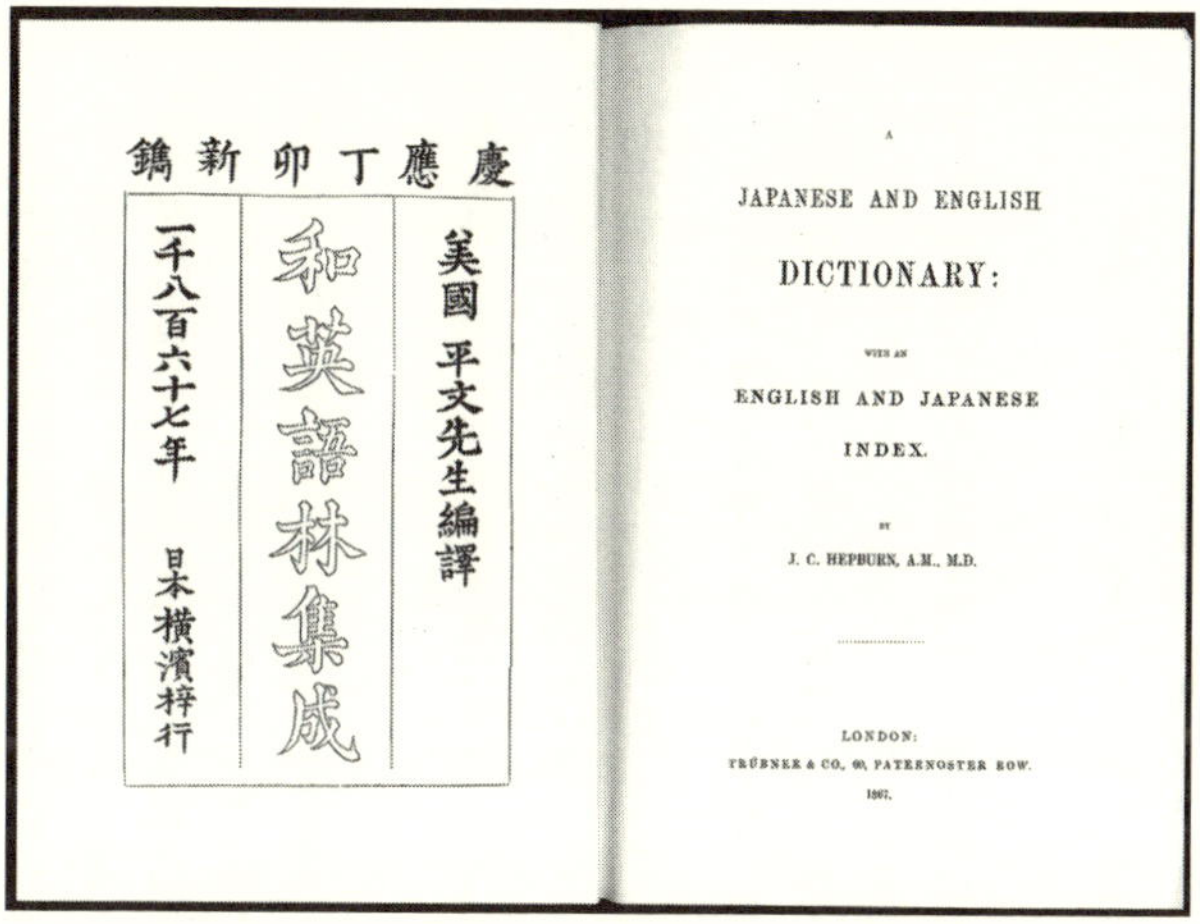

慶應丁卯新鐫

美國 平文先生編譯

和英語林集成

一千八百六十七年　日本横濱梓行

A

JAPANESE AND ENGLISH

DICTIONARY:

WITH AN

ENGLISH AND JAPANESE

INDEX.

BY

J. C. HEPBURN, A.M., M.D.

LONDON:

TRÜBNER & CO., 60, PATERNOSTER ROW.

1867.

『和英語林集成』初版横浜版（明治学院大学図書館所蔵）

館が行ったヘボンの蔵書調査により、近年興味深い事実が明らかになった。『日本語文法書』については先に高谷と望月の見解の相違を紹介したが、来日途上の一八五九年の時点では考えられないが、一八六一年パリで刊行されたクルチウス編ホフマン補遺『日本文典例証』のフランス語版である可能性が高い。『和仏辞書』については、ヘボンが一八六七年に出版した『和英語林集成』初版の序文において言及した『日葡辞書』の可能性が高いのである。というのは、『日葡辞書』はポルトガル語のオリジナル版ではなく、一八六二年に出版された仏訳版、すなわち『和仏辞書』であり、フランス語の読めるヘボンが海外伝道局から入手して「珍重した」のではないだろうか（明治学院大学図書館「和英語林集成デジタルアーカイブス」参照）。

　ともかく、明治維新の前年にヘボンは、約二万語の語彙を収録した日本初の本格的な和英・英和辞典『和英語林集成』を編集し、横浜とロンドンで出版するという金字塔を打ち建てた。ヘボンは編集を終え、活版印刷のために上海の美華書院に出発する前にこう述べている。

「日本語は西洋の諸国民には全く新しい言語でありましたし、われわれの手許には辞書も、文法書もなかったので、最初から自分ですっかり研究しなければならなかったのです。……七年間、単語を蒐集し、それらを分類定義し、日本語の文法上の原則や慣用句に慣れるように努めることのほか、ほとんど何もいたしませんでした。それは極めて遅い、骨の折れる方法でありました。けれども、それをやり通して、初めて辞書の形でこれを出版するに至る曙光を見たのです」(『書簡全集』一九七頁)。

宣教医師ヘボンの面目躍如は無償での施療活動であった。鎖国により近代医学の立ち遅れていた日本においてその効果は目を見張るものがあった。たとえば、来日間もない一八六〇年七月に地元神奈川の名主石井源右衛門が奉行所に提出した「異人聞書」はこう記している。

「亜米利加國の醫者ヘボンと申す者、日本の言葉少しく覚えたる趣にて日本人に逢えば片語交じり、色々と手真似して甚だ可笑しく見受け候、然るに戸部浦の漁師仁介、眼病を患い洲干島弁天に願懸け、毎日お百度を踏み候ところ、ヘボン、仁介と戸部浦で出遭い、眼病を癒しやるべしとて僅かに一点の薬水にて忽ち痛み止み申候。右の次第漁師共の間に傳はり、一方ならず評判に御座候」(『物語』三八―三九頁)。

ヘボンも無償医療が日本人との隔てを取り除く効果があることを知っており、五月には、幕府の敵意に対してもこのように報告している。

「近所の人々は、わたしどもを友達のようにしてくれています。確かに、もし役人など怖がることさえなければ、とても親しくなれる人々なのです。わたしどもが街路を歩いている時なども、みんな楽しそうに微笑んで会釈してくれます。まだその人々には大して薬をあげてはいませんが、この数日間に四人の患者の手当をしました。その三人はわたしどもの番所の係の立派な武士たちでありました。わたしはちょっとした手術を施しましたが、みな苦痛が取れてとても喜んでいたようです。……幕府はわたしどもを疑っているので、忍耐して、慎重に計画を進めていくことが、最も良いと思っています。……

やろうと思えば大きな医療事業をすることができるのですが、わたしはそんなことは望みません。横浜には医者で生計を営むベーツ博士とオランダ改革派教会のシモンズ博士がおられるから、その方々に譲って、わたしは一切治療代を断り、できるかぎりのものを全部、日本人にささげるつもりです」（『書簡全集』四九―五〇頁）。

ヘボンは宣教師給与を海外伝道局から受けていたが、治療費は、ニューヨークの医院と自宅を売却した分と、ウォルシュ・ホール商会、アーチャー商会などの横浜在住米国商人の寄付で賄っていた。無償治療費は日本人のみならず、外国人に対しても適用された。来日から一年半経過した一八六一年四月にヘボンは成仏寺近くの宗興寺に施療所を設けた。五月の書簡では、最初患者は江戸の医者の紹介で江戸からやってきたこと、医者たちを生徒として置いていること、入院患者がいること、無償医療を続けたいので家賃・人件費等の諸費用を負担してもらえないかと訴えたうえで、「医療事業は民衆の偏見を取り除き、日本人と自由に交際する途を開く上で大いに役立つことでしょう」（『書簡全集』八四頁）と述べている。

当初住居としていた成仏寺近くの宗興寺の施療所は五ヶ月間で閉鎖された。幕府の横浜居留地への囲い込み政策ゆえである。

「わたしの施療所と病院は閉鎖されました。……五カ月間ばかり続いただけです。最初患者はわずかでしたがまもなく非常に増加し、その後三カ月間は一日平均一〇〇人の患者を診察しました。ほとんど助手がいなかったので満足な記録をつけることができませんでしたから、人数だけ申し上げますが、計三五〇〇人の患者に処方箋を書きました。それは毎回違った患者の延べ人員ではなかったのです。他の手術以外に瘢痕《はんこん》性内反の手術三〇回、翼状片の手術三回、眼球を摘出したのが一回、脳水腫の手術五回、背中のおでき切開一回、白内障の治療一三回、痔瘻《じろう》の手術六回、直腸炎一回、チフスの治療三回行いました。そのうち一回だけ白内障の手術はうまくいかず、他はみな上出来でした」（『書簡全集』八八―八九頁）。

さすがに毎日一〇〇人から一五〇人の患者を診ることはできず、六月の書簡では、「今では月曜、水曜、金曜だけ開く」（『書簡全集』八五頁）とも言っていた。その後施療所は一八六三年一二月に横浜居留地三九番にヘボン宅が転居すると再開された。施療所閉鎖の間、ヘボンは役人から許可をもらって自宅に訪ねてくる患者に処方箋を書き、コレラ患者への往診や、コレラ流行のために江戸だけで七万三一五八人が死亡したことを報告している。またヘボンが負傷者を手当てし、薩英戦争に発展した生麦事件については、「薩摩藩主自身の命令で一イギリス紳士を殺害したあの最も野蛮な、原因不明の殺傷事件」と記している。

移転した居留地三九番のヘボン邸の施療所には、ヘボンの施療や手術を見学するために蘭方医や医学

ヘボン塾の子どもたちとクララ（横浜開港資料館所蔵）

生がやって来て、キリスト教禁制下であるが、日曜日には英語と日本語の礼拝が開かれ、聴衆も増していった。他方、妻クララは一八六三年秋から宣教師館において、男女共学の英学塾、いわゆるヘボン塾を開き、そこから将来の外務大臣林董《ただす》、総理大臣高橋是清、三井物産創設者益田孝らが育っていくのである。ヘボン塾は日本おける最初のプロテスタントの私塾として、安息日学校（日曜学校）や讃美歌教育が行われ、明治学院やフェリス女学院の源流をなすのである。

また、ヘボンとブラウンが始めた聖書の翻訳は、一八七二年に同じくヘボン邸で開催された第一回在日宣教師会議でプロテスタント各派の共同事業として組織的に遂行することが決議され、ヘボンは新旧約聖書の全訳に編集者として深く関わった。

こうして、ヘボンの勤勉さと他者と分け隔てせずに接する態度によって、ヘボンの日本伝道は、プロテスタント伝道の先駆けとして大きな役割を果たしたのである。

四　ヘボンのパターナリズム

一九七三（明治六）年のキリシタン禁令の高札の撤去により、キリスト教の伝道は事実上黙許され、その後多くの外国人宣教師が来日した。ヘボンは、駐日アメリカ長老教会宣教団の古参指導者として、次第に増大する長老教会の宣教師に対してリーダーシップを行使することになるが、独身女性宣教師に対するヘボンの不満は著しいものがあった。独身女性宣教師に対するヘボンの主張は、これまでの「聖人」ヘボン像では蓋をされてきた部分でもある。

アメリカ婦人宣教師を研究した小檜山ルイによれば、そもそもヘボンが東洋伝道に出掛け、来日するまで、すなわち、南北戦争以前の女性宣教師といえば、クララのように、宣教師である夫に寄り添い、家事と育児を切り盛りしながら、夫の伝道の手助けをする「助け手」（helpmate）である場合が一般的であった。ところが、南北戦争後のアメリカ合衆国においては、女性は全信徒の三分の二を数え、「女性のための女性の仕事」（Woman's Work for Woman）を訴える女性たちによって、各教派の、それも主要な都市ごとに婦人伝道局が組織された。各都市の婦人伝道局は、各教派の海外伝道局本部の同意のもとに、従来の宣教師夫人への支援はもちろん、新たに独身女性宣教師を海外に派遣することになったのである。当時の女性宣教師たちは、按手礼を授かることができない「副宣教師」の資格であったが、とくにアジアのように、男性宣教師が立ち入ることが慣習上むずかしい地域の女性伝道において重要な役割を果たすことになった（小檜山ルイ『アメリカ婦人宣教師』東京大学出版会、一九九二年、第二章、第四章参照）。

ヘボンは一八七二年に女性の働きについてこのように述べている。

「宣教の分野における「女性の働き」について、わたしはとても高く評価しております。第一に、家庭内の家事をにぎる妻として、夫たちを家事から解放し、そして夫たちに、仕事のために時間と力をささげることを可能にし、実質的に援助しています。多くの宣教師の妻たちは、より直接的な仕事にも携わっております。特に教えることです。……一人の良き妻は、宣教の事業を進めるのに最も良い助け手の一人であり、彼女の影響は多くの点で、広範囲であり強力です。

しかし疑問点は、独身婦人に仕事があるかということです。彼女たちが行える仕事が多くあることは、疑いありません。若い男女に教えること、女学校での教育、孤児の施設での管理と運営、病院での病人の看護などです。……

独身婦人の働きを最高度に有益なものとするためには、二人か三人あるいはそれ以上で、その場所の必要に応じて、組織し、遂行するのが良いでしょう」（『書簡全集』二六二―二六三頁）。

ヘボンは書簡で、夫を支えながら女学校を始めた同僚の宣教師C・カロザース夫人ジュリアのことを評価し、独身女性宣教師については、集団生活を望んでいることが分かる。

ところが、実際に一八七三年五月に婦人伝道局ニューヨーク支部からミスM・C・パーク及びミスK・ヤングマン、同じくフィラデルフィア支部からミスA・M・ギャンブルの独身婦人宣教師三名が相次いで派遣されてくると、駐日長老教会宣教団の内部では、一八七二年に誕生した日本基督公会をめぐって、それを支持する「超教派主義」と、それに反対する「教派主義」という対立軸に加えて、婦人伝道局のニューヨーク支部対フィラデルフィア支部という対立軸が加わり、分裂に拍車がかかり、長老へボンのリーダーシップでは収拾がつかないほどの混乱が生じたのである。

すなわち、ニューヨーク支部派遣のミス・パークは当初築地居留地六番宣教師館A棟の「カロザース夫人の学校」の手伝いをする予定であったが、同夫人から生徒も少なく手助けは必要ないとの返事を受けて、一八七四年初め、パークとミス・ヤングマンは築地居留地六番宣教師館B棟の自宅で女子生徒を教え始めた。ところが、同年春になってカロザース夫人が婦人伝道局フィラデルフィア支部に加入したため、彼女の学校もその傘下に入ることになった。こうして同じ敷地内に、異なる支部がサポートする別々の女学校が並立することになり、加えてミス・パークは同年五月に「教派主義」のヘボンやカロザースに対抗して「超教派主義」を提唱してきたD・タムソンと結婚したため、タムソン夫妻とミス・ヤングマン対カロザース夫妻、更に独自の主張をするミス・ギャンブルの三組が狭い敷地内でお互いに対立し合う事態となった。カロザースは、夫人のジュリアの女学校が、在日ミッションの東京ステーションにおける唯一の正規の女子教育機関であると主張して、ヤングマンに彼女の学校を閉鎖するよう執拗に責め立てたのである（中島耕二『近代日本の外交と宣教師』吉川弘文館、二〇一二年、六〇—六二頁）。

またヘボンを怒らせた理由に独身女性宣教師の相次ぐ結婚という問題があった。ヘボンは一八七八年に以下のように主張している。

「宣教師として多くの女性たちが送り出されることを切望しておりません。特に女性たちが派遣されることで、男性たちを派遣するのに要する資金を浪費しているのです。男性たちはこの大変な仕事に適した器なのです。言葉によって伝道することで、諸国民は改宗させられるのです。
女性たちはおもに学校の教師として役に立ちます。彼女たちは従属的でありあまりあてになりません。それは機会があれば結婚してしまうからです。……本部が財政的に困窮しているかぎりは、最も役に立つ者のみを送り出すべきです」(『書簡全集』三五一頁)。

ヘボンは独身女性宣教師たちが「学校の教師として」役に立つことを認めるが、キリスト教の伝道は断じて男性労働であることを強調し、集めた資金の用途をめぐる海外伝道局本部と婦人伝道局との間の確執のために、女性の人格攻撃にまでいたった。一八八〇年の本部宛書簡において、この間本部が雇い入れた八人の独身女性宣教師のうち、四人は結婚のために、一人は不満から伝道の最前線を離脱したことへの失望を記し、残った三人のうちミス・ヤングマンとM・ツルーの二人を評価した後に、次のように訴える。

「事実として、未婚の女性たちを外国宣教師として派遣することすべてについて、……誤っているというのが、わたしのまじめな確信です。彼女たちには残酷であり、それにお金の浪費もあります。彼女たちの多くが結婚する理由は、彼女たちが陥っている心細さと孤独感にあると、わたしは心から考えており、このことがより強力な支えや交際や同情に頼りたいと願わせるのだと思います。
……孤独ばかりでなく、男性より気まぐれであり、興奮しやすく、ロマンチックであり、しっかり支配されないと……」(『書簡全集』三五九—三六〇頁)。

このような、海外伝道局本部と婦人伝道局の権力闘争を反映したのが、J・C・バラ夫人のリディアとツルーによって提唱された日本における看護学校設立プロジェクトであった。一八八五年のフィラデルフィア婦人伝道局の祈禱会の最中リディアは突然死した。そのため、ツルーが参加したその年のフィラデルフィア夫人伝道局の年次大会において、日本の看護学校設立は同婦人伝道局の「特別目的」に設定された。在日宣教団の男性宣教師の大勢はこのプロジェクトに反対であった。なかでも宣教医師としての経験を持つヘボンの反対は、ミッション全体の方向を決定するものであった。

「フィラデルフィアの婦人たちが、バラ夫人を記念して日本に建てようとしている、看護婦養成所についてあなたに少々お書きしようと思います。申し訳ございませんが、看護婦養成所については反対するようなことを申し上げなければなりません。……

わたしの意見としては、養成された看護婦を雇用するのは文明の高度化した結果であり、金持ちだけがなしうる贅沢なのです。日本人の文明の状態は、そのような看護婦が必要とされる状態よりもずっと低いものです」（『書簡全集』三九二―三九四頁）。

ヘボンによれば、五人の看護学生を取り、その研修用に二〇床の病院を作れば、少なくとも一万ドルの初期投資と四〇〇〇ドルと五〇〇〇ドルの年間運営費が必要であり、金がかかりすぎる企画であった。しかも、ヘボンたち来日した宣教医師が経験したように、日本政府は、病院や医学校の整備を急速に成し遂げたので、看護婦も必要となれば日本人が教育するだろうと見込んでいた（『書簡全集』三九三頁）。この反対論の背景には、ヘボンの文明観や女性労働に対する見方もさることながら、「ずっと大切な」

事業である明治学院の設立、すなわち、男子神学校、男子カレッジの築地から白金への移転と統合があった。『書簡全集』には収録されていないが一八八八（明治二一）年四月二日海外伝道局本部宛ヘボン書簡にはこう述べられている。

「ミッションの大学と神学校は福音伝道の供給のための唯一の仕事ですから、十分に財政援助を行ない創設すべきものです。我々はこの学校のために少なくとももう五万ドルをかけて確固たる基礎を築く必要があります。今のような時代には、この国では女子教育に金を使うよりは、このほうがずっと重要なことなのです」（亀山美知子『女たちの約束』人文書院、一九九〇年、一六六頁）。

ヘボンは独身女性宣教師の仕事の一つとして「病院での病人の看護」を挙げていたとはいえ、婦人伝道局がこれ以上不必要な金を使わないようにと強く望んだのである。結局、一八八八年秋に海外伝道局本部は、婦人伝道局の了承を得て、看護学校の切り捨てを決定した。女性宣教師や女性看護師を自立した専門職として認めないヘボンの職業観は、ヘボンが南北戦争以前のアメリカ合衆国で育ったという時代の制約を受けているとはいえ、小檜山、亀山のような女性史家から鋭く指摘されるように、家父長主義的な男性中心の職業観がヘボンのなかに深く根を下ろしていたからにほかならない（守屋友江「ヘボンの伝道方針」明治学院大学キリスト教研究所『紀要』第三五号、二〇〇二年）。ヘボンの職業観が、神の前における両性の平等を妨げるものであるならば、いかに敬虔であるとはいえ、女性や子どもから「人情のない冷たい宣教師」と受け取られるのは故なきことではなかったのである。

ヘボン一家：前列中央ヘボン夫妻，後方左がサムエル（野田秀三氏所蔵）

ところで、ヘボン夫妻は、流産を含めて五人の子どもを幼くして亡くしている。既に述べたが、東京伝道に向かう船中での流産、シンガポールで授かった長男の生後直後の死、そしてニューヨークにおける開業医時代の三人の男児の相次ぐ死である。三人はチャールズ（一八四七年一月誕生）、ウォルター（一八五〇年頃誕生と推定）、カーティー（一八五四年七月二五日誕生）であり、それぞれ五歳で猩紅熱、二歳で猩紅熱、一歳で赤痢により死亡している。これらの三子は、ニュージャージー州オレンジ市のローズデール墓地にヘボン一家の墓に埋葬されている。医師であるヘボンは、他人の生命は救えても、自分の子どもの生命は救えなかったということになる。しかし、何よりもヘボンを悩ませたのは、一八四四年にアモイで生まれ、唯一成人した息子サムエルとの関係であった。

サムエル誕生の際、ヘボンは、海外伝道局本部のW・ラウリー主事にその喜びをこのように伝えている。

「自分たちがこれから先、生きながらえることが許されるならば、この子を神の保護と警告の中で育てることができるだろう。今与えられた息子が神を信じ、キリストに仕える者となり、この国の人々に命を捧げる宣教師となるならば、自分の息子の将来に望み得るこれよりも大きな幸福、名誉はあるまい」(「佐々木B」一一六頁)。

しかし、息子を宣教師にしたいという思いの実現はそう簡単ではなかった。幕末の日本に宣教師として赴くことは、一四歳になるサムエルの教育のことを考えると、一人息子をアメリカ合衆国に残して来ざるを得ず、親子の別離は、ヘボン夫妻にとって大きな試練となった。故郷ミルトンを訪ねたとき、身内からサムエルを引き取って、家族の一人として面倒をみるという申し出もあったが、ヘボンは、海外に宣教師として赴くことに対して両親をはじめとして好意的でないことを感じ取っていたので、その申し出を断り、エリザベス市の学校に入れるために、ヤングという知人に思春期のサミュエルを託して日本へ出発した。

「これが私の遭遇する最初の別離であり、最も堪えがたい試練でもあります。ほとんど胸もはりさけんばかりの悲しみでありました。……神は父なき人の「父」であると約束したもうております。サムは快く行きました。そしてわたしどもの行くこともわかってくれたと思っております。いつか近い将来、日本において、再びわたしども家族一同が一緒に住めるという望みを抱いております」(『手紙』三四頁)。

ヘボンは、息子についての相談を第二の後見人ともいえる実弟で牧師のスレーターに宛てた手紙のなかで繰り返しているが、日本到着直後の手紙は子どもの教育に対するヘボンの姿勢を示していて興味深い。

「かわいいサムが一緒におればと思うとほんとうに寂しくなります。あの子をこちらに呼び寄せる方がよいと君は考えますか。……あの子がこの日本語をすばやく習得するようになれば、米国公使の通訳官にもなれるし、それは彼にとって新生でもあります。わたしはむしろあの子が信者となって、当地の宣教師として派遣されることを期待しているのですが、あの子にはそうした信仰があるのでしょうか」(『手紙』五七頁)。

ここには、別離に対する迷いと、思春期の少年と直接かかわることなしに完成された語学力や信仰を求めるヘボンの家父長主義的な「威厳ある父親」の姿が露呈している。

離別した息子に対する心配は、一八六〇年一二月にサムエルが「嘘」をついたことを理由にヤングによって鞭打たれたという知らせで頂点に達した。サムエルからもヤングが間違っているとの手紙を受け取ったヘボンの「胸はいたみ、血はたぎ」った。たとえサムエルが「嘘」をついたとしても、鞭打ちが、それを正す方法ではないと考えたヘボンは、スレーターに事情聴取を依頼し、場合によっては、ヤングのもとからサムエルを引き離すことを提案している。また一八六一年の春先に成仏寺の前で何者かによって肩を殴打された妻クララは七月に帰国し、息子の事件の処理にあたるために帰米した。その後サムエルは、おそらく一八六二年秋にプリンストン大学に入学し、クララは翌年三月に日本に戻っている。

しかし、サムエルに対するヘボンの心配はその後も尽きなかった。それは、サムエルの身元を引き受けたスレーター夫妻の世話の甲斐なく、サムエルが大学を退学したからである。一八六四年五月九日付のスレーター宛の手紙でヘボンはこう告白している。

「わたしの心を悩ますものはあの子が宗教ぎらいの点です。あの子のことはいつもわたしどもの気がかりです。神の霊はわたしどもの祈りに答えたもうと信じています。サムは何か悪い習慣に陥って、たとえば飲酒とか、ギャンブルなどで大学から退学を命ぜられたのではないかと心配しています。あの子は勉強がきらいでしたから、改心しないでそのままであれば勉学の方面では期待できません。彼がキリスト信徒になれば、このことが彼の性格に改心の時を与えることになるのだが、と願っているのです。わたしどもの祈りに対する、この長く待ち望んでいる答えは、まだ与えられていません」(『手紙』八八頁)。

ヘボンはアメリカ合衆国での就職を望んだが、サミュエルは日本での就職を選び、ヘボンの『和英語林集成』の出版を財政的に支援したウォルシュ・ホール商会に臨時雇いの職を得て、ヘボンと一緒に暮らし始めた。しかし、あんなに心配し、会いたがっていたヘボン自身の喜びはそれほどでもなく、サムエルは「その地位を喜び、その仕事に専念しています。わたしとしては彼がキリスト信者であればと望んでいました。その点、がっかりしました」(『手紙』九一—九二頁)とさえ述べている。

それから一三年後の一八七八年のスレーター宛の手紙でも、結婚して家庭をもっているサムエルについて、「わたしのサムは夫婦ともわたしどもの近くに住んでいます。まだ子どもがありませんが、自分の家で楽しそうに暮らしています。日本の汽船会社に勤務——月給一七〇ドルですが、必ずしもその地位に満足していません。むしろ米国人の会社に勤めたいと望んでいます。少々俸給が低くとも……米国で働く仕事があれば、彼のためには国に帰ることをわたしどもは望んでいるのです。離れて住むことになっても、わたしとしては、彼が神の子どもになってほしいのです。彼も妻もそうでないのがわたしの悩みです」（『手紙』一三〇頁）と嘆いている。

それから九年後の一八八七年、ヘボンは七二歳になっても、「君の息子サムは、どんなに変わったか知りませんが、君は孫に恵まれて幸いです。自分にはその幸福は味わえない。お互いわたしたちの子どもたちが主に心をむけないことは何と哀しいことではないか。主の時はまだ来ない。来るのはおそくても希望をもち、またそれを信じています。そうした祝福を祈るのを忘れていません」（『手紙』二二六頁）と、同じ名前の息子をもつスレーターに書き送っている。

確かに実の兄弟とはいえ、宣教医師と牧師という献身者同士の手紙のやり取りゆえに、お互いの子どもがキリスト教信仰を告白しなかったことの嘆きはもっともなことであった。ヘボンの子サムエルはビジネスマンとして成長し、日本郵船横浜支店長一六年間務めた後は、一五年間スタンダード石油長崎支店長を務めることになり、一時アメリカ領事になるなど滞日期間は四五年に及んだ。だが、ヘボンの場合、息子の思春期に離別を余儀なくされたとしても、その距離を縮めるために、家父長主義的な威厳を取り払って子どもを直接理解しようとする働きかけがあったことは弟への手紙の文面からは窺われない。生き方の違う親子の距離は最後まで縮まらず、ヘボンが日本での使命を終えて終の棲家であるニュージャージー州イーストオレンジに移り、後に述べるように、妻クララの病状が悪化した八九歳の時の手紙で、サムエルに長崎からもどってきて、自分の面倒をみてほしいと強く希望しても、サムエルは戻ることはなかった。サムエルは父親ヘボンに対して次のような感想を抱いている。

「父の人生の唯一の目標はキリスト教でした。父のすべての行動はこのただ一つの目標に向けて集中されていました。私の印象では、控え目な性格で、社交的な生活を好まず、学問と宗教以外のことには関心がなかったようです」(『ヘボン伝』三二二頁)。

サミュエルがロックヘブンの墓地に埋葬され、ローズデールのヘボン一家の墓に埋葬されていない事実から判断して、父親と息子の溝は埋まることはなかったようである。

おわりに

わたしたちは、ヘボンの生涯を大まかに辿ることによって、「ピューリタン」ヘボンの光と影に焦点をあててきた。ヘボンの場合、その敬虔な信仰に基づいて、何よりもヘボンの内面に注目してその事績を説明しなければ、その特徴を描写することが出来ないという点において、グリフィスの叙述方法は的を射たものであったと言えよう。だが、そこから、「聖人」ヘボン像を導き、それを称揚するならば、「人間」ヘボンの信仰がもっていた家父長主義的な側面を見過ごしてしまうだろう。

では、ヘボン自身はこのような自らの信仰の特徴をどれほど批判的に自覚していたかというと、その答えは「ノー」であったと言わざるを得ないのである。ヘボンは自らの信仰をあくまでも「永遠の相」

のもとに捉えていたと言わざるを得ない。そこに「ピューリタン」ヘボンの面目躍如がある。最後に、文字通りヘボンの人生の終末において、そのようなエピソードを示す事例があるので、それを紹介して稿を閉じることにしたい。

ヘボンとクララが三三年間の働きを終え、帰国したのは一八九二（明治二五）年のことであった。ヘボンは七七歳、クララは七四歳になっていた。帰国後一〇年を経た一九〇二（明治三五）年頃からクララ夫人が病みはじめ、一九〇四年二月病勢が急変し、療養所に入院、ヘボンは週二回病院を見舞うことが日課となった。ヘボンはグリフィスへの手紙でその病名を含めて以下のように述べている。

「いま、わたしの胸は、悲しみに満ちています。それは私の愛する妻を思うゆえです。私は妻を療養所に入れるようにと勧められてきました。精神錯乱（mental derangement）のためです。この恐ろしい病状はすでにここ数年の間に緩慢な速度でクララの精神を冒してきていました。そして、ついにその病状は、私たち二人が一緒に住むことが困難なほどの猛威を振るい始めたのです。クララは今はニュージャージー州ペイターソン近くの療養所にいます」（『ヘボン伝』二一五頁）。

そのようなヘボン夫妻を案じて、日本から高橋是清、井深梶之助らの教え子たちが見舞いにやってきた。一九〇五年六月に訪ねた高橋は当時日銀副総裁をしてきた時で「私はヘボン夫人に教わった関係があるので、最近イーストオレンジを訪ねたとき、夫人に会うことができず、非常に遺憾であった」（『ヘボン』二〇三頁）と述べている。井深梶之助も同年八月に訪ねるが、井深日記には〝Poor Dr. Hepburn.

His wife lost her mind and is an asylum and only son is not Christian" と記されている（「佐々木C」二五八頁）。これらの証言から、教え子にすらクララを会わせることができないほどの精神状態であったことが容易に分かる。

結局一九〇六年三月四日にクララは永眠し、同年三月七日ローズデール墓地に埋葬され、墓地の個人カードの死因欄には肺炎（pneumonia）と書かれているが、「クララはこれらすべての方針において、わたしと一つ心です」と言って二人は日本にやってきましたヘボンにとって、クララの病気は辛くて、やり切れない出来事だったのではないだろうか。クララの入院中にヘボンが自分の姪の娘に書いた手紙にはこう記されている。

「私は愛する妻を思って大きな悲しみの中にいます。重い精神障害のために彼女を精神病院に入れなくてはならなくなったのです。もう一年近くなりますがよくなる兆候はなく、病状はますます悪化するばかりです。（中略）出来るだけ病室に彼女を訪ねるようにしていますが、私が行くたびにとても嬉しそうな顔で、どうして家へ連れて帰ってくれないのかと不思議がるのです。私達は六五年間一緒にとても幸せな人生を送ってきたのです。この世は、悲痛と悲哀に満ちあふれています」。

しかし、この手紙の末尾で、ヘボンはこう付け加えている。

「愛するエリザベスよ。真の幸福はわたしたちが神の子供であり、神がわたしたちの中に生きていることを知り、そして、神とともに生きるという希望のうちにあるのです」（「佐々木C」二五九頁を大西が翻訳）。

ヘボンは、悲しみや苦しみを嘆くだけなく、神が悲しさに耐えうるような信仰を私たち人間に与えられていることを告白しているのである。「ピューリタン」ヘボンは、神という「永遠の相」のもとに人生の最後の試練に立ち向かっていたのである。そして、五年後の一九一一（明治四四）年九月、ヘボンは静かに地上での生涯を終えたのである。九六歳であった。

第二章　アメリカ長老・改革教会宣教師ヘボン、ブラウン、フルベッキの功績

——W・E・グリフィスによる伝記から

はじめに

いまから丁度一五〇年前の一八五九年に日米修好通商条約にもとづき神奈川・長崎の港が開かれ、日本は二〇〇年以上続いた徳川幕府の鎖国政策を大きく転換しました。なかでも、沖縄にはすでに英国琉球海軍宣教会のB・J・ベッテルハイムが来て宣教を開始しておりましたが、開港の年にやってきたプロテスタント・キリスト教の宣教師C・M・ウィリアムズ、J・C・ヘップバルン（以下、ヘボン）、S・R・ブラウン、G・F・フルベック（以下、フルベッキ）の活躍は文化的に目覚ましいものがありました。ウィリアムズはアメリカ聖公会の主教であり、立教学院創設に関わりますが、一〇月一八日に神奈川に上陸したヘボン、一一月三日に同じく神奈川に上陸したブラウン、そして、一一月七日に長崎に上陸したフルベッキについて言えば、ヘボンがアメリカ長老教会の宣教医師、ブラウンとフルベッキはアメリカ・オランダ改革教会の宣教師でありました。

アメリカ長老教会、アメリカ・オランダ改革教会、スコットランド一致長老教会を背景に創設された明治学院にとって、これら三人は、「学祖」としてこれまで長年語り継がれてきました。白金キャンパスの正門から見えるレンガ建ての洋館で、現在は歴史資料館が入っている記念館は、いまから一二〇年ほど前に建てられ、島崎藤村が学生時代に神学部の教室や図書館として使われていた建物です。その二階会議室には、日本人初の総理井深梶之助を含めて四人の大きな肖像画が掲げられております。また、この白金キャンパス中央にある一一階建の教員研究棟はヘボン館と呼ばれており、一八八六年にヘボンが和英辞書『和英語林集成』の第三版の版権を丸善に売却し、その利益の寄付で出来た寄宿舎の跡地に建っております。ブラウンは、戸塚の横浜キャンパスの正門の坂を登って右手にある宿泊施設にブラウンの名前が冠せられております。フルベッキについて言えば、ヴォーリス設計の白金のチャペルの十字架の窓の下の小さな石碑にその名前が刻まれています。

本講演のテーマは「アメリカ長老・改革教会宣教師ヘボン、ブラウン、フルベッキの功績」ということであります。これら三人の生涯については、周知のとおり、W・E・グリフィスによる伝記があります。グリフィスは福井藩から理化学教師を依頼されたフルベッキがアメリカ・オランダ改革教会伝道局主事J・M・フェリスに人選を頼み、選ばれて来日し、帰国後しばらく経ってそれぞれの伝記を執筆しました。ヘボンについては、*Hepburn of Japan and His Wife and Helpmates: A Life Story of Toil for Christ*, Philadelphia: Westminster Press, 1913（高谷道男監修・佐々木晃訳『ヘボン――同時代人の見た』教文館、一九九一年。以下翻訳書を『ヘボン伝』と略記）、ブラウンについては、*A Maker of the New Orient, Samuel Robbins Brown, Pioneer Educator in China, America, and Japan, The Story of His Life and Work*, New York: Fleming H. Revell, 1902（渡辺省三訳『われに百の命あらば――中国・アメリカ・日本の教育にささげたS・R・ブラウンの生涯』キリスト新聞社、一九八五年。以下翻訳書を『ブラウン伝』と略記）、フルベッキについては、*Verbeck in Japan: A Citizen of No Country A*

グリフィス（明治学院歴史資料館所蔵）

Life Story of Foundation Work Inaugurated by Guido Fridolin Verbeck, New York: Fleming H. Revell, 1900（松浦玲監修・村瀬寿代訳『日本のフルベッキ――新訳考証：無国籍の宣教師フルベッキの生涯』洋学堂書店、二〇〇三年。以下翻訳書を『フルベッキ伝』と略記）が出版されており、現在はいずれも翻訳本で読めるようになっています。また作者のグリフィスについては、岩波文庫に収められている『ミカド――日本の内なる力』（亀井俊介訳、一九九五年）など、幕末明治期の日本について多数の著作を残しています。明治学院出身で、この英学史学会会員の山下英一氏が長年研究されており、『グリフィスと福井』（福井郷土誌懇談会、一九七九年）等のグリフィス研究を上梓されています。グリフィスは、一八七〇年から一八七四年まで滞日し、「お雇い外国人」として、福井で一年近く化学と物理と、希望者にはキリスト教を教え、その後東京大学の前身である南校でも教えました。三人と直接交わり、帰国後四半世紀を経て、つまり日本が産業革命を経験し、急速に西欧列強をキャッチアップしつつあるなかで、家族への書簡や海外伝道局への報告書に依拠しながら三人の功績を論じております。

本講演では、一五〇年前に来日した日付とは反対の順、すなわち、グリフィスによる伝記の出版年代順に従って、フルベッキ、ブラウン、ヘボンの順に論じていくことにします。

一　フルベッキ

フルベッキは、一八三〇年にオランダの小さな町ザイストに、父はドイツ生まれの資産家、母は教育者という家の八人兄弟の六番目として生まれました。オランダ人の特色なのかも知れませんが、オランダ語を母語とし、ドイツ語を最も得意とし、他にも英語、フランス語を自由に操ることができたといわれています。モラビア派の教会に通い、モラビア派の学校を卒業後、二二歳のときに経済的に発展しつつあるアメリカ合衆国に移住しました。アメリカのニューヨーク州で最初は土木技師、それから牧師養成のオーバン神学校に入学しました。オーバン近くのオワスコ・アウトレットのサンド・ビーチにあるアメリカ・オランダ改革教会で牧師をしていたブラウン、フェリス・セミナリーをのちに設立するM・E・キダー、そして妻になるマリアと知り合い、アメリカ・オランダ改革教会が最初に派遣した宣教師の一人として来日しました。なぜ、その多くがオランダ系移民からなるアメリカ・オランダ改革教会という小教派が日本における伝道に乗り出したかというと、開国までは、西洋との窓口は唯一、長崎の出島に来るオランダ船との交易でした。そのことから、アメリカ・オランダ改革教会は「オランダ人、アメリカ人双方を代表しているのであるから、日本に住む三千万人の人々に福音を伝えるのは、どの教会よりも適している」という理由で、宣教師を送り込んだのです。

フルベッキ（明治学院歴史資料館所蔵）

フルベッキは最初の一〇年間を長崎で過ごしました。長崎奉行が通訳養成所として設立した済美館と、佐賀藩が洋学を教えるために藩校として致遠館を長崎でも開校しましたが、フルベッキはそれぞれの学校において教えました。彼のもとには、致遠館舎長助で、維新政府の財務長官や外務大臣に就任し、早稲田大学の前身である東京専門学校を創設することになる大隈重信、致遠館舎長で、後の外務卿副島種臣《そえじまたねおみ》の他、鎖国体制を批判する思想家横井小楠《しょうなん》の二人の甥、また開明的な貴族岩倉具視の二人の息子など、全国から数多くの若者が集まって来ました。フルベッキは、彼らに新約聖書とアメリカ合衆国憲法を長らく教え、また、横井の二人の甥や岩倉の二人の息子をはじめ、その後五〇〇人を数える日本の若者を留学生として海外に派遣しました。フルベッキ自身も書簡で「副島と大隈という二人の有望な生徒を教えました」と述べています。大隈は「特に合衆国憲法を学び、ほとんどすべての西洋諸国の基本法に精通した」といわれています。

フルベッキの教育目的がどこにあったかというと、フルベッキは「建国の養父」（"nursing fathers" of a nation）の一人として、若いサムライたちに新しい教育を施すことによって、「信教の自由」が憲法上保障され、キリスト教の伝道が自由にできる近代国家の建設に貢献しようとしたのです。キリシタン禁制は、鎖国と同様に長年日本の自由と発展を阻んできました。「日本人は宗教の話題に触れると、口を固く閉ざしてしまいます。日本人の前で宗教の話になると、無意識のうちに喉に手をやり首を切るしぐさをして、その議論は非常に危険だということを示します。もしも二人以上日本人がその場にいれば、用心深さはもっと顕著です。あの忌まわしい密偵制度のためで……」とフルベッキはアメリカに書き送っています。また五箇条の御誓文において「智識を世界に求め、大いに皇基を振起すべし」と表明した翌日に、太政官の命令である「五榜の掲示」において「キリシタンと呼ばれる邪教は禁制である。疑わしい者を役人に届け出ること。褒美は与えられる」と述べ、維新後もキリシタン禁制は継続され、むしろ強化されました。その表立った迫害は「浦上四番崩れ」といわれる事件です。約四〇〇〇人の日本人キリスト教信者が明治政府によって日本各地の藩に振り分けられ、預けられました。実際、多くの信者は遠く離れた場所に送られ、信者たちは三年間働かせられるか、もしくは囚人として捕らわれの身となり、この間悔い改めた者は釈放され、そうでなければ斬首の刑に処せられたといわれています。

それに対してフルベッキは明治政府が発足した一八六八年に書簡でこのように述べています。

「一年あまり前、二人の将来有望な生徒、副島と大隈を教え、彼らは私とともに新約聖書の大部分とアメリカ憲法すべてを学びました。副島は帝国の旧組織を改めるために最近ミヤコにできた新議会の参与であります。大隈は九州総督府の一員で、憲法改正に関することで、まもなく首府のミヤコに出発する予定です。前の土曜日、前記諮問機関の有力議員による憲法改正に関する特別会議に招かれました。明日それと同様の会議が開かれる予定です。前述した私の友人や生徒がキリシタン禁制の高札撤廃だけでなく、可能であれば、帝国すべてにわたる信仰の自由を獲得するために大いに働いてくれるでしょう。先の審議会は興味深い会議でした。その草案と明日の会議については、後の手紙でお知らせできることと思います」(『フルベッキ伝』一七三頁)。

新しい政治体制を作るために、一八六九年にフルベッキは長崎を離れ、明治政府によって東京へ招かれます。フルベッキの人柄のせいか、その時に約三六名の生徒がフルベッキについて上京しました。フルベッキは書簡においてこう述べています。

「……私を東の首府（江戸）に呼んだ表向きの理由は、それは疑いもなく究極的な目的でもあるのですが、帝国大学のようなものを設立するためです。来月、ミカドが西の首府から来ることになっており、ほとんどの有力な大名もここにやってきて、帝国の憲法の改善と外国との条約の改正、また外国に使節を派遣する可能性などについて協議する予定になっています。これら一連の重要な事柄が始まる前に、政府は私をここに呼んだのです」（『フルベッキ伝』一八六頁）。

そして六月にフルベッキは政府高官からなる使節団を欧米に派遣する必要性を訴えた「ブリーフスケッチ」（Brief Sketch）と呼ばれる建白書を提出しました。これは一八七二年になって岩倉使節団によって実現されました。その中で、「書物の上だけの知識ではなく、西欧文明を評価するためには実際目で見、肌で感じ取る何物かがある」こと、そして「実際に体験する」ことの重要性が述べられています。このブリーフスケッチをはじめは大隈に提案したのですが、大隈は攘夷派の抵抗を恐れ、実現までに数年かかったのです。岩倉具視率いる使節団の大きな目的には、条約にある治外法権に関する条項の撤廃がありました。しかし、全権大使岩倉は、キリシタン弾圧に反対する外国政府や市民の抗議に直面し、海外で受けた印象を日本政府に打電してきたのです。その結果、高札に掲げられていたキリシタン禁制の布告がまるで魔法にかかったように消えてなくなりました。これは一八七三年のことであり、一六一二年のキリシタン追放令から二六〇年以上も禁止されてきたキリスト教は黙許されることになったのです。

グリフィスは二〇世紀の初頭に、大日本帝国憲法発布と不平等条約改正というフルベッキの功績を偲びながら、「一八八八年にミカドにより国民に発布された憲法の条項が、何故これほどまで進歩的であるのか我々には想像しがたい。また、何故早くも一八九八年には日本は諸外国と同等の位置を承認されたのか理解できない。日本のフルベッキがあらかじめ二〇年、三〇年かけて準備していたのを知って、初めて納得できるのである」と述べています。

最後にフルベッキの人柄ですが、フルベッキは外国人であり、また自分の成し遂げたことを大声で自慢する人ではありませんでした。「この国の人たちは、私がやっていることや彼らについて知っていることを多くの人がするように、私が口外しないとわかっているからこそ、私に絶対的な信頼を置いているのです」。寡黙だからこそ、危険な時代に新政府から信頼を勝ち得たのだと思います。沈黙と忍耐は、フルベッキにとって語学力と並んで大きな武器だったのです。フルベッキの功績は、鎖国した封建体制のもとで凍てついていた人間性の尊厳を「信教の自由」を憲法に盛り込むことによって、日本人に教えようとしたことにあります。もちろんこれはキリスト教の開教を意味したでしょうが、「信教の自由」のない日本においては、「人間の気高さ」という観念がなかったことをフルベッキは痛感していました。たとえば、公共の銭湯は身分によって念入りに分けられ、人足を数える言葉は動物を数える言葉が使われていました。そのような状況にあってフルベッキは「人間性の尊重」を力ずくで上から押し付けるのではなく、教育や助言を通じて示そうとしたのです。グリフィスは、「フルベッキが身分の上下を越えて日本人に尊敬された一つの秘密は、接触した個人の自尊心を常に考慮したことにあります。彼の性格の一つとして、他人の意志に影響を及ぼすような自分の意思を押し付ける態度を極度に嫌ったのでした」と述べていますが、この人間性の尊重は、この「建国の養父」の一人のもうひとつの魅力を説明しているのではないでしょうか。

二　ブラウン

フルベッキが「建国の養父」の一人として、信教の自由や憲法の制定の立役者として描かれるなら、グリフィスはブラウンを「新東洋の作り手」として位置付けています。この「新東洋」という言葉は、およそ一〇年間を中国において、そして二〇年間を日本において貢献したことを意味し、「作り手」という言葉は、ブラウンが教育者として、語学の教育方法に著しい功績があったということを意味しています。そういえば、本学の源流のひとつで、英学塾から神学塾へと脱皮したブラウン塾からは、明治学院の総理を長らく勤めた井深梶之助、青山学院の院長本多庸一《よういつ》、東北学院を創立した押川方義《まさよし》、専修大学の前身である専修学校の創立者の一人駒井重格《しげただ》ら錚々たる教育者が巣立っています。

ブラウンは一八一〇年六月にコネチカット州に元軍人の父と教団讃美歌三一九番「わずらわしき世をしばしのがれ」を作詞した詩人の母親の間に長男として生まれました。ウィリアムズ・カレッジの学生たちの祈禱会から始まり、初めて宣教師を海外に派遣するアメリカン・ボード（海外伝道局）の発足は、ブラウンの誕生とほぼ同時でした。父が大工や家具職人、ペンキ屋、壁紙張り職人および窓ガラス屋などをして家族を養っているのを見ながら、ブラウンも苦学して、アマーストカレッジ、イェール大学に進みました。とくにイェール大学時代は、得意の音楽をニューヘブンの男子校で教え、またその後療養を兼ねて南カロライナのコロンビアにある神学校に入り、その間バラムヴィール女子神学校で声学と器楽を教えて自活しました。グリフィスは、ブラウンが日本で、彼の豊かなテノールの声で喜びにあふれた歌をたからかに歌い上げる姿を回想しています。本学は二〇〇九年南麻布の財団法人日本近代音楽館との間に貴重な資料の寄贈を受けることとの合意書を取り交わしましたが、日本の近代音楽とブラウンの関連も今後の興味深い研究課題です。

その後ニューヨークのユニオン神学校卒業後、ブラウンは中国伝道を志願しました。中国には当時、外国貿易と外国人の居留のために開かれている港は広東だけでした。ポルトガルが占領していたマカオには、プロテスタント宣教の創始者でイギリス人のR・モリソンがおり、アメリカの国務長官J・マディソンからの手紙をもって活動していました。モリソンはロンドン伝道協会の宣教師で、聖書を中国語に訳して、中国人の子どもたちのために二七年間働きました。

ブラウン（明治学院歴史資料館所蔵）

一八三五年にモリソンの死後、彼の功績を記念して始められたモリソン教育協会が寄付を集めて始められました。一八三八年にモリソン記念学校の校長として働くためにブラウンが指名されました。出帆するまでのわずかな期間のうちに、ブラウンはあわただしく、マンスン、ニューヘブンに行き、ニューヨークで按手礼を受け、生まれ故郷のコネチカット州イーストウィンザーの会衆教会牧師の娘で、三歳下の婚約者エリザベスと結婚しました。そして一八三九年にマカオに到着しました。

マカオのモリソン記念学校は、ポルトガル人の詩人カモンイスの洞穴の近くにありました。プロイセン出身のロンドン伝道協会宣教師ギュツラフ所有の邸宅を使って、ギュツラフ夫人がいとこのパークス姉妹と協力して中国人少女たちを教えていた学校です。実は私事で恐縮ですが、身辺雑事の合間を縫って九月初旬にマカオを旅し、モリソンの墓と旧イギリス東インド会社を訪れ、この辺に学校があったのではと、楽しい想像を重ねてきました。ブラウンは、午前中は自分の中国語研究に、午後と夕方は英語の教育に専心しました。この学校は、アヘン戦争後の一八四二年に香港に移りますが、その寄宿舎には二四の部屋があり、翌年には英語科が設けられました。ブラウンは、妻エリザベスの健康が損なわれるようになる一八四八年までそこで働きました。

さて、グリフィスによれば、ブラウンの功績は、語学の教授法の改革にあるといえましょう。これは日本のみならず中国における実践が大きかったと言えます。それゆえに「新東洋の作り手」(a maker of New Orient) なのです。では、当時の中国の教授法はどのようなものだったのでしょうか。ブラウンによるモリソン教育協会への報告書はこう述べています。

「ある老齢の中国人教師は、少年たちにその国のかまびすしいやり方で、つまり中国での古くからの方法で教えた。そのやり方は、わめきたてるように声を出して表意文字を覚え、純粋な書き方、つまり、文字を書くことを習い、母国語で自分の考えていることを正しく表すのであった」(『ブラウン伝』五二頁)。

ブラウンはこの方法についてこのようにも述べています。

「中国人の教育はめちゃくちゃであった。少年たちに強制的に読ませ、大人だけにふさわしい問題について話させていたからである。……

イギリスの子どもは、たった二六文字を学ぶだけで他のすべての言葉を構成する発音の要素のあらましをわがものとすることができる。だが、中国の子どもたちにとってはそうはいかない。読み方の王道というものは中国の子どもにはないのである。彼は読もうとする単語と同じ数だけの名称と意味を理解しなければならない」(『ブラウン伝』五三頁)。

しかしながらブラウンは、中国語の教授法をトータルに否定するよりも、中国人の心を知って、自分の教授法を最も哲学的に、しかも効果的に施す道を選択したのです。

「このアメリカ人が、中国語に取り組んでわかったことは、外国人とアメリカ人たちの相互理解を結び合わせる鎖の最初のいくつかの金輪がまだ欠けている、ということであった。当時、文法の最も簡単な諸問題が英語で書かれた中国語に関するどんな著作の中にも「問われていなかったし、答えられてもいなかった」。そこでブラウンは旧式の方法を変えようとする前に、中国語に精通しようと決心した」(『ブラウン伝』五四頁)。

その結果、ブラウンは、「わたしどもの学校の少年たちが、中国語を書くよりも英語を書くのがずっとやさしいことがわかったのは、ちっとも不思議なことではありません。アルファベットをもっている言語、つまり音節を構成している言語はどれでも、事柄の性質上、中国語をお手本にしてつくられている言語よりも簡単に習得されるにちがいありません」と述べて、音節を重視した英語の教育法を生み出しました。一八四一年に妻と一緒にシンガポールを訪れた七週間の間に、J・レッグ博士の『英語・マレー語・中国語辞典』にもとづいて、中国の生徒に英語を勉強させるための新しい教科書を編んだのです。その原本の中では、会話体の部分は、英語、マレー語および中国語の文語と福建や広東方言で書かれていました。ブラウンは、このシンガポール滞在中に初めてヘボン夫妻と出会いました。新しい教授法を編み出したブラウンが、中国伝道を夢みるヘボン夫妻と意気投合したのは想像に難くありません。その後ブラウンとヘボンが日本において二〇年間共に働くことになるとは誰も知り得ませんでした。またブラウンが一八四七年に広東で出版した教科書は、孔子や孟子の書をいきなり子どもに教えるのではなく、身近な政治、経済の話題を集めた入門書でした。ブラウンは、教科書は入門から、初級、中級、上級へと進むように段階的に発展していくものでなければならず、教育も、キリスト教国と同じように、まず一般的なスクール、それから専門学校アカデミー、そして大学カレッジと段階的に発展していくべきものだ、と主張しました。

帰国後、ブラウンは一八四八年にニューヨーク州ローマのアカデミー開校と同時に校長に就任しました。一八五一年に、ニューヨーク州オーバン近くのオワスコ・アウトレットのサンド・ビーチのアメリカ・オランダ改革教会の牧師に就任しました。その会衆には、先ほど申しましたように、フルベッキと、その妻となるマリアがおり、キダーがいました。キダーはコネチカット州ブルックリン在住の医者の娘で一八六九年に横浜に行き、ブラウン一家とともに新潟にもいきました。彼女はのちにE・R・ミラー牧師と結婚。彼等は盛岡でブラウンの回想記を書いているほどです。

ブラウンは、最初の認可女子大学であるエルマイラ・カレッジ設立者の一人であって、最初の実行委員長をつとめ、土地の確保、カリキュラムの立案および資金づくりのために活躍しました。実は中国から帰国した一八四八年に、二年以内にもう一度中国の仕事がしたいと望んでいました。しかし妻の健康がそれを許さなかったのです。妻の健康が回復するや否や、アメリカ・オランダ改革教会が日本に宣教師を送る計画を決定し、この年長の宣教師が指名されました。

妻と娘二人を伴って一八五九年五月ニューヨークから出帆し、香港、上海から医師シモンズとF・ホール氏およびブラウンは一一月三日に横浜に到着しました。アメリカ公使のハリスは、便宜と安全を兼ねて、ヘボンを名目上のアメリカ公使館付き医師、ブラウンを牧師に任命しました。それから二〇年間ブラウンは日本人に英語を教え、牧師を養成し、新約聖書を翻訳することになります。それらについては、ここで逐一申し上げることはしませんが、一八六三年に上海で刊行した*Colloquial Japanese*（加藤知己・倉島節尚編著『S・R・ブラウン会話日本語――幕末の日本語研究：複製と翻訳・研究』三省堂、一九九八年）は、中国において語学の教授法に苦労したブラウンが編集した日本語の教科書であり、他の追従を許さない大変すぐれた書物であったという点なのです。北京の英国大使にもなったアーネスト・サトウは英語を母国語とするすぐれた日本研究者の一人であるといわれていますが、彼の日本語学習の出発点はブラウンに負っていることを率直に認めています。

「ブラウン博士の教育は私たちにとって一番大きい助けとなりました。そして学生通訳が身を入れて学ばなければならぬ公文書の勉強とは別に、日本文学に対する趣味をわたしの中に染み込ませてくれました。彼はとびっきり親切で信仰の深い先生でしたから、先生の助けなしに日本語の習得に進歩を加えることは、きわめて困難だったでしょう。なぜなら当時は、口語文法の形をとっている書物は一冊もなかったのですから」（『ブラウン伝』一二六―一二七頁）。

Colloquial Japanese を印刷するのに必要な数千ドルは横浜にいるあるスコットランド商人から無償で提供され、印刷を監督するために上海を往復する船賃はあるユダヤ紳士から与えられたとのことです。ヘボン塾にその起源を求めることができる本学の語学教育の中でブラウンの *Colloquial Japanese* は大きな役割を果たしたのではないかと思われます。すぐれた教科書があったればこそ、英学塾から始まる明治学院の伝統が形作られてきたのではと思うことがあります。もちろん、「この国では快活で公平、しかも温情のある気質が望ましいのです。日本人たちは丁重で礼儀正しく、敵に対抗する場合ですら微笑するので、追いやられることはない。その点でたいへん中国人とは違います。日本人に対して荒々しく怒鳴りちらすよりも、温情のある、しんぼう強い取り扱い方がずっと多くのことを成しとげるのです」と述べる、ブラウンの経験豊かな指導もその原因だったことは言うまでもありません。

三　ヘボン

一九〇〇年に『フルベッキ伝』、一九〇二年に『ブラウン伝』を出版したグリフィスにとって、一九一三年に上梓した『ヘボン伝』は、かなり色彩の異なるものでした。その相違が、アメリカ・オランダ改革教会とアメリカ長老教会という教派の違いに由来するのか、無償での医療行為、和英・英和辞典の編集・出版、聖書の翻訳の完成、そして学校、教会の設立というヘボンの偉大な功績に由来するのか、あるいは、「君子」と呼ばれたヘボンの人格そのものに由来するのかはさておき、少なくとも、『フルベッキ伝』、『ブラウン伝』には見られなかった信仰的、内面的な要素の強調が多くみられるようになっていることは確かです。グリフィスはこの消息を以下のように述べています。

「マレー語、中国語を習得した後、更に東洋の島国日本の言葉への飽くなき挑戦。まだ文法書も辞書もなかった時代に試みた膨大な和英辞典の編纂とその完成。神のみ言葉を伝える言葉には適せずと考えられていた日本語による聖書翻訳。眼科、外科に限らず、ありとあらゆる病気の治療に当たった施療所での奉仕活動。宣教医でありながら、あえて必要に迫られて牧師の責任までも果たしたこと。これらすべては、いわば外側の困難に対して得た彼の勝利であったが、博士の主たる勝利は自己の克服であった。ヘボン博士には、例えば韓国のアペンゼラー、日本のフルベッキ、「新しい東洋の創始者」S・R・ブラウン等に見られるような気質は見られない。……ヘボンの場合は、その気立ての点では非常に用心深かった。奉仕に関しては驚くほど精励で、かつ絶えず己に厳格であった。

……神を中心に生きる自己の内奥にのみ人生の価値を見いだそうと試みた博士は、寛大な態度で、見解を異にする人々に接しつつも、目まぐるしく変遷する時代とともに変貌する思想に対しては全く関心を抱かないように見えた。無学な人、自尊心の強い人、血気にはやる者にも決して高圧的な、尊大な態度をとらず、何時も医者にふさわしい態度で接していた」(『ヘボン伝』一五—一六頁)。

グリフィスは、このような神中心的で敬虔なヘボンの態度がカルヴィニズムに由来することを、一八四〇年に若き二五歳のヘボンが小さな捕鯨船で中国伝道に妻クララと苦労して向かう航海日記から説明しています。

「内的に深みを増した宗教体験は、残されている航海日記に詳細に綴られ、博士の人生の全貌を物語っているかのようだ。……

「主の僕になる決意を告白して以来のこの六年間でさえ、どれだけ多くの時間が誤って費やされてきたことか。不信仰、堕落、世俗の誘惑の故に無為に費やした時間、無意味な会話、愚かでよこしまな心の思い、怠惰な生活の営みの中で無駄に過ごした全ての時間を差し引いたら、一体どれだけの時間が残るであろう。……神の掟は常に神に対する愛を動機として行動することを人間に要求する」(『ヘボン伝』三五—三六頁)。

グリフィスはまたこのようにも言っています。この一節を読むとき、長老教会に受け継がれて今日なおその信仰の根底に流れ続けているカルヴィニズムの教義はこの時すでに若き宣教医の信仰の基礎となり、博士がカルヴィニズムの教義に従って教育を受けたピューリタンであることを明確に示していることが分かる。幼少のころから母に『ウェストミンスター信仰問答』を教えられていたヘボンは、そこから得た信仰と秩序を土台とし、その上に自らの全生涯を築きあげた。この告白の中に、私たちはヘボンが五〇年にわたって瞬時も休むときなく勤勉な生活を続けた理由を見出すことができる。偉大な辞書編纂者としての学究生活と、施療所や病院での博士の日々の労苦を多くの日本人は、ヘボンが鉄のような主義を持ち、一分一秒といえどもそれが永遠の価値をもつ時間であると認識していたのを悟った。残念なことに、博士のこの充実した幸福な人生の秘訣は必ずしも全ての人々に理解されたとは言えない。ある人はヘボンを評して「人情のない冷たい宣教師」(a cold-blooded missionary)と言った。けれどもそうは言いながらも彼らは無意識のうちに敬意を払わざるをえなかった。というのは、活力をやたらに感情や感傷で発散する人とは異なり、「無駄な感情」（ineffectual emotions）に対して非情な博士は極めて冷静であったからだ。

マックス・ヴェーバーを長年読んできた私にとって、このグリフィスの叙述は、一九〇五―〇六年に著されたヴェーバーの「プロテスタンティズムの倫理と資本主義の精神」におけるカルヴィニズムの二重予定説の叙述を彷彿させるものです。神は「予め人間を選びと滅びに創造し給うた」。人間は行いによって選ばれることはないが、選ばれている恩恵の地位にあることを自ら証明（proof）することはできる。そのため、人間は、無駄なおしゃべりをやめ、一秒一刻を大切にして、職業を神から与えられた召命（calling）として勤勉な禁欲的労働に邁進するようになる。またカルヴィニズムがもつ神の絶対的主権の考え方から、人間の被造物神化の拒否が徹底し、現世における身分や地位の相違を超越した神の前における「人間の平等」の論理が出てきます。すなわち、私たち現世の人間は、身分、地位、国籍、収入、身長、学歴、成績等、あらゆるもので「人を分け隔て」（in respect of persons）しているが、カルヴィニズムの神は選び以外の問題で、人間を偏り見られることはない“God is no respecter of persons”「公平無私」の神なのです。私はこれを「ペルソナ」という仮面を被った世俗に生きる人間から、神の前に立たされた「ホモ」という人間への解放だと考えていますが、ヘボンの身分や地位や国境を超えた人間に対する公平な扱いは、カルヴィニズムがもつこの被造物神化の拒否によるものでした。これは、グリフィスが指摘するように、すなわち、反人間的な（unmenschlich）「非人情」の論理ではなく、活力をやたら感情や感傷に発散するのではない冷静で、公平で、合理的で、非人格的な（unpersönlich）論理だったのです。柳父圀近氏はこれを夏目漱石にならって「無人情」の論理と呼んでいます。ヘボンが「人情のない冷たい宣教師」と呼ばれたのは、その信奉するカルヴィニズムゆえでした。ヴェーバーが鋭く指摘したように、近代市民社会の根底には、このような無人情な論理がなければなりません。ヘボンの公平無私な態度が、非人情で反人間的な態度でなかった点について、グリフィスはこう証ししています。

「人間味豊かな博士の心からは、日本人に対する同情の流れがほとばしり、それが、救済、治療という具体的な形となって示された。日本人と、居留地に住む外国人に対して、博士と夫人は自分たちの家庭を愛に満ちた憩いの家とした。博士夫妻の家に集まる人は誰でも、それが人生の航海をこれから始めようとする若い夫婦でも、長年たがいの重荷を分け合って生きてきた老夫婦でも、学者、研究者、訪問客、ごく普通の人、子供、老人、宣教師仲間、批評家、時には博士にとって敵に当たる立場の人であろうと、全ての人々が博士の思いやりをその身に深く感じた。それはある時は博士の表情や言葉で、ある時には科学と技術を通して示された。慈愛の心を持つ人の前には敵はなかった。

それが一人の人間のためであろうと、国家のためであろうと、ヘボンの仕事はその質において巨匠のなせる業であった。あの痩せ身の博士を思い出すとき、博士の行った仕事は想像を絶するばかりの量であった。博士は一八七〇年以降に生まれてきた日本人のために、神の下に、彼らの住む一つの全く異なった世界を創ったと言っても過言ではない。医者、辞書編纂者、聖書翻訳者、天皇に接する時と全く変わらない心と態度で乞食《〔ママ〕》にさえも親しく接した人間の友人、宣教師と商人との仲を取り持つ調停者として、博士は日本人に「君子」とあがめられる正義と愛に満ちた高貴な紳士であった」（『ヘボン伝』一一三―一一四頁）。

牧師にして自然科学者でもあったグリフィスは、ヘボン伝の中にヘボンの自然科学者としての隠れた側面を紹介しています。たとえば、石鹸について、「今日では一般に普及し、日本の重要な輸出商品にまでなった石鹸の成分と製法及びその効用を教えたのはヘボン博士であって」、またヘボン邸の建物について、「博士はそこに屋根裏部屋付きの平屋を建てた。地震の多い日本には平屋がふさわしかった。……博士は地震の多いことを考慮に入れて壁は塗らなかった。煙の出口は何処にあるのだろうと探すと、不格好なストーブの煙突が一本破風の下から突き出しているだけだった」。さらには天気の記録について「一八八〇年から一八九五年までのヘボン博士の日記は、……重要な意味を持っている。横浜に到着して以来の毎日の気温が記録されていて、貴重な資料である。私はこの気象観測記録を要約して、一八七六年の拙著『皇国』の初版本に付録として利用した。後に日本に気象台が設置され、毎日の天気予報をはじめ、台風の接近や地震観測に関しての情報が提供されはじめた時点で、博士の天候に関する記録は終わっている」と述べています。

おわりに

『ヘボン伝』では他に、妻クララの貢献、辞典の編集と聖書の翻訳について詳細に述べられています。グリフィスは確かに、一五〇年前に来日した三人の特徴をよく摑んでいました。明治維新後の日本に「信教の自由」を教え、憲法を制定するために尽力した「建国の養父」の一人であるフルベッキ。私は、フルベッキの「信教の自由」の主張と、彼が子どもの時にうけた再洗礼派の末裔であるモラビア派の教育との関連を知りたくてたまりません。また「新東洋の作り手」としてのブラウン。中国での言語教育の難しさから、日本や中国の語学教育や教科書のレヴェルを引き上げるのに尽力しました。そして本学の起源をなすヘボン塾の創設者でもあるヘボンです。フルベッキもブラウンも神学者であり、ヘボン同様に篤い信仰をもっていたのにも拘わらず、『ヘボン伝』においては、カルヴィニズム・キリスト教の信仰に関する叙述が他よりも多いことに気づきます。これは、ピューリタンであるヘボンの生き方に由来するだけではなく、グリフィスの『ヘボン伝』によってヘボンがいっそう「聖人」と化し、わたしどもの手の届かない「君子」にされたことも事実です。

ではなぜ、ヘボンだけにカルヴィニズムの叙述が付け加えられたのでしょうか。最後にこの問題を考えてみたいと思います。少々穿った見方かも知れませんが、フルベッキの功績により憲法を制定し、ブラウンの功績により語学力を身につけたはずの近代日本が、産業革命を経て世界列強の仲間入りしつつあるのに、たとえば、一八九九年に出された文部省訓令第十二号によりキリスト教学校における宗教教育が禁じられて「信教の自由」が制限され、人間の平等や合理的思考による市民社会の発展よりも、ミカド（天皇）中心の国威発揚による国家主義へと急速に傾斜していくのです。私には、そうした日本の姿をグリフィスが目の当たりにして、ある種の警鐘を鳴らしたような気がしてならないのです。ご清聴ありがとうございました。

第三章　二〇世紀初葉の日本基督教会と明治学院

はじめに

キリスト教史学会第六四回大会の会場校を代表して、「二〇世紀初葉の日本基督教会と明治学院」というテーマでお話しすることになりました。まず時代区分ですが、「二〇世紀初葉の」と銘打ちました。「初葉」と言う場合、中葉、末葉という言葉が続き三区分の表現方法ですので、二〇世紀の最初の三〇年位、十五年戦争の開始を告げる満州事変勃発前までの、日本基督教会と明治学院を論じることになります。

最初に、この時期の時代背景を説明し、重要な課題を三点挙げておきたいと思います。第一に、一八九四（明治二七）年の日清戦争の前後から始まった産業革命は、早くも一九〇四年の日露戦争の頃には、製鉄・造船といった重工業部門にまで及び、日本は急ピッチで西欧列強をキャッチ・アップしようとしました。また、資本主義の発展は、低賃金、長時間労働という労働者の劣悪な労働条件をめぐって労働問題を引き起こします。社会主義の思想や運動が活発化したのもこの時期でした。そこで、開国により導入されたキリスト教と、産業革命により導入された社会主義の関係はどうだったのでしょうか。

第二に、帝国主義の問題です。列強諸国による植民地の争奪は、対外戦争を引き起こし、日本は日清、日露の戦争の勝利を通じて、軍備拡張と植民地支配に乗り出します。資本主義の発達の早かった西欧では、産業資本主義、金融資本主義、そして帝国主義というように資本主義の発展は段階を踏んで進行したと言われていますが、日本の場合、資本主義の発達と帝国主義はほぼ同時進行します。この時期、キリスト教も植民地での伝道を進めますが、植民地支配とキリスト教の関係はどうだったのでしょうか。

第三に、このような産業革命と帝国主義の時代にあって、都市中間層の担い手が出現し、絶対的な天皇制を中核とする支配体制に対して、批判的精神を持つ「大正デモクラシー」という自由な風潮が育ったのもこの時期です。学生時代を海老名弾正の本郷教会で過ごした吉野作造が、一九一六（大正五）年に「憲政の本義を説いて其有終の美を済《な》すの途を論ず」という政治評論を『中央公論』一月号に掲載し、民衆の尊重、衆議院を重んじた議会政治、そして、政党内閣の実現を訴えて「大正デモクラシー」の烽火《のろし》を上げることになりました。また都市中間層を考える上で重要な点は、産業革命と帝国主義により、農村から都市への人口移動という大きな社会構造の転換が起こったことです。これはキリスト教の担い手についても言えることで、一九世紀末葉まで存在していた日本の農村教会は衰退し、二〇世紀初葉には、県庁所在地、あるいは、当時東京郊外と見なされていた都市中間層の居住地に教会が生まれるようになります。この転換を如実に示しているのが、一九〇〇（明治三三）年大阪で開催された第一〇回福音同盟会大会において決議された二〇世紀大挙伝道の実施です。福音同盟会では、全国各地に教師を派遣し、各地の各教派連合の伝道隊を組織して大伝道集会を開催し、また連夜の祈禱会を開きました。その結果、それまで三万人台に低迷していた日本のプロテスタント信徒の総数は、一九〇一年に至って五万人を突破したのです。

確かに「大正デモクラシー」は天皇制の時代に自由な風潮をもたらしました。しかし、一九三一（昭和六）年に勃発した満州事変から始まる十五年戦争は、この自由な風潮を瞬く間に変えてしまい、キリスト教界は次第に、天皇制絶対主義のもとに戦争協力への途を歩んでいくことになります。もし、キリスト教会の戦争責任の問題を本格的に追究するのであれば、十五年戦争期まで見ていかなければなりません。

明治学院は、一八六三（文久三）年のヘボン塾創設以来、今年（二〇一三年）で創立一五〇周年を迎えるプロテスタント最古の学校ですが、これはあくまでキリスト教普通教育の学校としての歴史です。一八七三（明治六）年開設のブラウン塾に遡ることのできるキリスト教専門教育、すなわち、神学部は、一九三〇（昭和五）年に学院から分離し、植村正久が創設した東京神学社と合併して日本神学校、現在の東京神学大学となり、学院の歴史から消えてなくなるのです。また神学部は、その前身である東京一致神学校以来、当時その教職者の三分の二は明治学院神学部の出身だと言われたほど日本基督教会に多くの人材を供給していました。両者の関係は密接不可分の関係にあったのです。本講演では、ブラウン塾、東京一致神学校の出身で、日本基督教会の指導者であった植村正久と、神学部予科で学んだ賀川豊彦に焦点を当て、話していこうと思います。

一　植村正久と日本基督教会の「自給独立」

長老・改革系の教会は、一八七二（明治五）年に日本で最初に設立されたプロテスタント教会である日本基督公会（The Church of Christ in Japan）から始まり、一八七七（明治一〇）年にアメリカ長老教会、アメリカ・オランダ改革教会、スコットランド一致長老教会と合同して日本基督一致教会となり、一八九〇年に信条を制定して日本基督教会と改称しました。植村正久（一八五八―一九二五）は、下谷教会牧師を経て、番町教会・一番町教会・富士見町教会と改名した教会の牧師を続けただけではなく、当時流布した進化論、無神論、不可知論などに対してキリスト教的有神論を擁護した『真理一斑』の著者、そして『福音週報』（後に『福音新報』）の刊行主宰者として、日本基督教会の教会形成の中心となって活動しました。

植村正久が「二〇世紀初葉」の日本基督教会に付与した特徴は三つあると考えています。

第一は、日本の教会の「自給独立」を説いた独立教会論・国民教会論です。それは、新興国日本のナショナリズムをもちろん基盤としていましたが、教会はイエス・キリストのみを主権者とするという、独立教会論的な教会理解に基づくものでした。その意味では、外国ミッションのみならず、国家からも教会の独立を説く「自由教会主義」の可能性をもつものでした。

植村正久（1922 年当時）（出典：『植村正久と其の時代』第 4 巻）

植村が目指した日本伝道の基本的なあり方は、まずは外国ミッションから離れて「自給独立」の伝道体制を確立することでした。すでに日本基督一致教会時代から、日本人信徒の指導者の中には、外国ミッション主導型の伝道体制に次第に飽き足りなさを感じる人々が出てくるようになっており、「自国の伝道は自分たちの手で」という自覚が芽生えていました。しかし実際には、中会の伝道組織は、もっぱら外国ミッションの各地域における伝道活動の拠点として機能するようになっていました。たとえば、アメリカ長老教会は、東京・浪花・宮城中会。

アメリカ・オランダ改革教会は東京・鎮西中会。アメリカ南長老教会は浪花中会。アメリカ・ドイツ改革教会は宮城・東京中会。カンバーランド長老教会は浪花中会といった具合です。

一八九二（明治二五）年の第八回大会において、中会指導型の伝道体制を改変して、大会伝道局による全国規模の伝道体制をめざしましたが、外国ミッションとの対立から修正を余儀なくされました。その後、第九回大会において伝道局条例を制定し、第一〇回大会において、中会における外国ミッションの関わりを認めながらも、外国ミッションから独立した大会伝道局の権限をようやく確立しました。

植村は、一八九七（明治三〇）年の日本基督教会創立二五周年の折にも次のような意見を表明しています。

「主イエス・キリストを奉戴してその上なき君主大救者と信仰し、その名のほかに他の名を教会に被むらするを好まず、日本独立の教会、簡易なる信条、堅固なる団体組織を体とし、神国を拡張し、福音を宣伝するをもってその用となし、当初よりこれらの点において自ら任ずること深かりし日本基督教会は、その過去よりも大いなる未来を有せざるべからず。これを協同するところの外国ミッションを有するもの六つ、伝道者を養成するの学校を有することその必要よりも多し」（「日本基督教会に望む」『福音新報』第一二五号、明治三〇年一一月一九日、『著作集』第六巻所収）。

一九〇四（明治三七）年の第一八回大会において、伝道局を実質的に指導していた植村は、「自給独立」の伝道体制の確立のために、外国ミッションからの財政的独立を中会に対して提案します。すなわち、外国ミッションの「補助ヲ受クル教会ハ……其ノ教会タル資格ヲ失ウモノトス」。これに対して同じブラウン塾出身の明治学院総理井深梶之助から、即時に独立する資力のない教会に対する時間的猶予が求められ、翌年の第一九回大会まで「独立決議案」が持ち越されますが、結論は以下のようなものです。日本基督教会において、教会は「自給独立する力」をもつ「信徒の団体」であることを条件とし、それが不可能な団体は「仮教会」に格下げするというかたちで、「独立決議案」が可決されたのです。

この独立教会論・国民教会論の背景にあるものは、新興国日本のナショナリズムを基盤としていたとはいえ、むしろ植村の教会観の基礎にあった一八七二（明治五）年の日本基督公会の超教派的自主独立主義に由来するものだったのではないでしょうか。晩年の一九二四（大正一三）年に植村は、教会の自主独立以前の一八九〇（明治二三）年に決着した日本基督教会の信条に関して回顧し、外国ミッションが持ち込んだカルヴィニズムの諸信条ですら「四筋の鎖」と呼び、その拘束力に対する反発を露わにしています。

「明治十年日本基督一致教会なるものを組織した場合には外国宣教師らに余儀なくせられて余り丁寧にもウェストミンスター信仰告白、キリスト教略問答、ハイデルベルク問答、ドルト教憲の四つを採用して殆ど首も回らぬ時宜であった。明治二十三年日本キリスト者の実力ようやく発達してこの四筋の鎖を打ち切り、今のごとき簡明なる信条を自由に制定することを得たのである」（「宣言もしくは信条」『福音新報』第一五一一号、大正一三年七月三一日、『著作集』第六巻所収）。

第二の特徴ですが、同じ自給独立論者でも無教会派の指導者内村鑑三との決定的な相違点に、植村の女性牧師論があります。内村の無教会派では、女性指導者がまったくと言っていいほど育たなかったのに対して、植村は教会役員への女性の登用をいち早く提言し、多くの女性指導者を育て、日本で最初の女性牧師を誕生させました。この点は、一八八三（明治一六）年に起こった『日本の花嫁』事件において、日本の女性の地位について日本の恥になるようなことを英語で書いてアメリカで出版したのは軽薄だと非難して、井深らと一緒に著者の田村直臣の教職を剝奪した植村を知る者にとっては意外に思えるかも知れません。

植村の個人的なエピソードを紹介しますと、植村は一八八二（明治一五）年に、紀州南部出身で、フェリス女学校で国語や漢文を教えながら英語を勉強していた山内季野《すえの》（一八五八―一九三〇）と結婚しますが、その際に、結婚誓約書を交わしたとか、季野のことを「愚妻」とは決して呼ばずに「賢妻」と呼び、弟子が「うちの愚妻が」と呼んだ際には、「君は本当に愚妻と思っているのか」と質したと言われています。植村の牧会する一番町教会が「婦人を長老に挙ぐるの門戸を開くべしとの議」という議案を東京中会へ提出したのは、一九〇六（明治三九）年のことでした。その翌年の大会では、各中会の賛成が得られませんでしたが、一九二〇（大正九）年の第三四回大会において「憲法規則の改正」として女性長老職がついに認められました。その直後、間髪相容れずに植村は『福音新報』（第一三三二号、大正九年一一月四日）において、女性は教会の長老のみならず、按手を授かり、教職にも任ぜられて当然であると主張しました。実際に植村の亡き後の一九三二（昭和七）年に牧師となったのが、植村の弟子である高橋久野です。その二ヵ月後には娘である植村環が牧師に就任しました。

あとで、明治学院との関係で、一九〇四（明治三七）年に植村が設立した東京神学社の話をしますが、この神学校は「神学科」「婦人科」「神学倶楽部」という三部門に分かれていました。日本最初の女性牧師になった高橋久野は、東京女子高等師範を卒業し、青山学院で歴史を教えていたところを植村の勧誘によって東京神学社で学んだのです。他にも植村が育てた女性指導者は、明治女学校の木村鐙子《とうこ》、日本最初の看護婦であった大関和子《ちかこ》、救世軍の山室軍平夫人の山室機恵子、自由学園の創設者の羽仁もと子、日本YWCAの最初の日本人幹事で、恵泉女学園を創設した河井道、家政学院を作った大江スミ、日本基督教婦人矯風会の矢島楫子《かじこ》等々、多彩な働き手を産み出しています。まさに、男性社会の中に専門職として働く女性たちを送り出したという意味において、植村は大きな貢献をしたのではないでしょうか。

第三の特徴は、「自給独立」の教会の担い手として、都市中間層の教会を組織したということです。日本基督教会の教会がすべてそうだという訳ではありませんが、植村が牧会した一番町教会は、その典型のような教会でした。植村が自ら My first church was in a poor part of Tokyo と呼ぶ下町の下谷《したや》教会から、四年間の無任所時代を挟み、山の手にある麴町の一番町教会——この教会は、一九〇六（明治三九）年に教会堂を新たにした際に富士見町教会と改称しました——に移ったのには、彼の伝道戦略が込められていました。すなわち、独立教会・国民教会の担い手としての都市中間層の取り込みにあったのです。

田代和久氏は、「同時代思想家としての植村正久」（石田良一編『日本精神史』ぺりかん社、一九八八年、三一三、三一五頁）において、植村の伝道が都市社会の中間層を対象として展開されたと主張し、その受容の理由をこのように述べています。

「こうした都市中間層はその成立の由来からして、伝統社会の規範から切り離され、依る可き新たな規範を持たぬまま都市社会の狭間に存在していたが、彼らは（中略）ニュー・イングランドのピューリタン的伝統の中で培われた市民倫理を、新しい時代に生きる自分たちの倫理として受け入れた」。

実際、「麹町界隈の住民の多くは下町の伝統社会と異なり、新しい社会層に属する人々であった。それは各省庁の役人、政治家、弁護士、検事、裁判官等の法律関係者、医者、学校教師、技術者、新聞雑誌編集者、実業家、軍人及びそれらの予備軍としての大学生、専門学校生、高校生によって構成される『ホワイトカラー社会』であった」。富士見町教会は発展し、一九一一（明治四四）年の教勢は、教会員数一〇五五名、礼拝出席者の平均数朝礼拝二七九名、夕礼拝五五名、祈禱会四四名の多きを数えました。植村の伝道は都市中間層に根を下ろすことに成功し、「大正デモクラシー」の支持基盤を提供したのではないでしょうか。富士見町教会から枝分かれした教会としては、山の手郊外の市ヶ谷、青山、千駄ヶ谷、大森、白金、洗足の諸教会が挙げられます。

では、植村は当時台頭しつつあった社会主義思想に対してどのような態度をとったのでしょうか。アメリカ留学先でキリスト者になり、日本における社会主義運動の初期の担い手として帰国した片山潜が、日本で最初のセツルメントとも言うべきキングスレー館を神田三崎町に開いたのが一八九七（明治三〇）年でした。あまり知られていないかもしれませんが、そのときの運営委員長が植村だったのです。片山はアメリカで受洗し、アンドーヴァー神学校で社会的福音を学んで帰国し、同じくアメリカ帰りの高野房太郎との縁で労働運動を担うことになります。帰国後片山が職を得られずにいたときに、アメリカン・ボードのD・C・グリーン（Daniel Crosby Greene）がキングスレー館に片山を呼び寄せ、キリスト教社会事業としては成功したのですが、片山は社会主義へと大きく傾倒し、キリスト教とは疎遠になりました。

一八九八（明治三一）年に、救世軍の山室軍平は「貧民研究会」を作りますが、片山は、安部磯雄、幸徳秋水と一緒に「社会主義研究会」を組織します。一九〇〇（明治三三）年にそれが「社会主義協会」に改組されると、事務所は芝のユニテリアン協会惟一館《ゆいいつかん》からキングスレー館に移され、片山は第二インターナショナルの常任執行委員に選出されます。片山は、「耶蘇教会は全体から言えば、此の時分からもう富豪の手先であった。植村正久氏などでも予に向かって『我輩の教会にはハッピを着た者はいらない労働者などは来なくとも好い』と言った。併《しか》し植村の教会には沢山の番頭や商店及び諸会社社員が居った」（片山潜『自傳』岩波書店、一九五四年、二一八頁）というエピソードを書き記しています。

ただし、植村は、日本のキリスト教会が社会事業を課題とすることの重要性を認めるに吝かではありませんでしたが、さしあたり日本の教会が力を傾けるべきは、あくまで伝道であり、国民教会の形成であると考えており、資力を必要とし、結果として外国ミッションに依存することになる社会事業は、日本の教会にとって将来の課題と考えていたことは事実だと言えます。

二　東京神学社と明治学院神学部

同志社の名付け親は、新島襄ではなく山本覚馬でした。明治学院の名付け親は、ヘボンでも井深でもなく、植村正久です。東京一致神学校が、ヘボン塾の流れを汲む長老・改革系のキリスト教普通教育の学校である東京一致英和学校、その予備門である英和予備校と合併し、築地居留地から現在の白金キャンパスへ移転するという壮大な構想が成立したのは一八八六（明治一九）年です。

『植村正久と其の時代』にはこう述べられています。

「明治学院の最初の理事会に於て……その名称を如何にすべきかと云ふ問題に直面して、種々の提案が出たが、孰《いず》れも賛同者が少く、最後に明治学院が宜《よ》からうと云ふ提案を為したのは、即ち植村正久君其人であつて、夫《そ》れが満場一致の賛成を以て採用せられ、現在に至つた次第である」（佐波亘編『植村正久と其の時代』第三巻、教文館、一九三八年、四六七頁）。

1890年当時の明治学院神学部（明治学院歴史資料館所蔵）

「明治学院」は、「換言すれば、明けき政治の時代の学問の学校、即ち明けき政治の学校」（同四七四頁）という意味です。その際、種々の提案の中には、一致学院、共同学院、明治共立学院などの候補があったということですが、外国ミッションからの独立を志向する植村ならではの簡素な命名です。

ブラウン塾出身、東京一致神学校の第一期生である植村は、宣教師七名、日本人七名から構成される明治学院創設時の学院理事の一人でした。植村はまた一八八五（明治一八）年から神学校の講師となり、牧会学、弁証論などを教え、一八八九（明治二二）年には神学部教授に任ぜられ、伝道の担い手の養成に尽力しました。しかし、一番町教会から正式な牧師招聘状を受けた一九〇一（明治三四）年には多忙のせいか、教授職を辞して再び講師職に戻り、一九〇三年一二月にはその講師職をも辞して明治学院神学部を去ったのです。

植村辞任の表向きの理由は、一九〇一（明治三四）年から明治学院理事会に加わったアメリカ南長老教会のS・P・フルトン（Samuel Peter Fulton）教授の保守的な神学との対立と言われています。植村が使用してきたバプテストの神学者であるW・N・クラーク（William Newton Clarke）の『キリスト教神学概論』（*An Outline Christian Theology*）の立場があまりにもリベラルであり、自分たちの神学的立場と異なるとフルトンが批判したというのです。S・E・オールストローム（Sidney Eckman Ahlstrom）の『アメリカ神学思想史入門』（教文館、一九九〇年）によれば、クラークの教科書は、明晰に叙述され、歴史批評を十分に認め、進化論の幅の広い背景の中で書かれ、実質的にアメリカ自由主義の教義学であったと言われています。

しかし、辞任から一年も経過しない一九〇四（明治三七）年一一月に、植村は東京神学社を創設しました。それのみならず、辞任の一年前あたりから、自宅において神学学習会を開いていたのです。植村は東京神学社の設置目的をこのように述べています。

「日本は独立のキリスト教を要す。独立のキリスト教は独立の教会を要す。日本のキリスト教会はキリストとその霊《みたま》とによるの外、少しも他に待つところなく、己れに足りて自ら立つの覚悟を懐き、着々この理想をすべての方面に実現せざるべからず。

日本のキリスト教が外国宣教師の力を藉らず、その資力に仰ぐところなく、純粋なる自己の経営によりて神学思想を修め、伝道の重任を帯ぶべき人物を養成するの学校を有せずして、今日に至れるは、すでに久しくその時機を失したるの感なくんばあらず」（「東京神学社」『福音新報』第四八七号、明治三七年一〇月二七日、『著作集』第六巻所収）。

明治学院神学部は外国ミッションに依存していましたから、植村は「自給独立」路線のもとに神学校を設立したのです。先にも述べたように、一九〇五（明治三八）年に「独立決議案」が可決され、すべての伝道活動に日本基督教会大会伝道局がイニシアティブを握ることができ、外国ミッションはそれに協力するような決議がなされました。他方では、その決議に反発して、一九〇七年に保守的な南長老教会が従来の伝道地をまもるために自派の新しい神学校を神戸に開設しました。この時、明治学院からは、賀川豊彦、富田満といった南長老教会出身の神学生が神戸神学校に転校しました。日本基督教会の教職者養成で大きな役割を果たしてきた明治学院神学部は、自給独立派のみならず、保守派とも袂を分かつことになったのです。

東京神学社は、市ヶ谷教会に校舎を借用し、開校式を開きました。一九〇六（明治三九）年の日本基督教会第二〇回大会で、教会の認可神学校となりました。一九〇七（明治四〇）年には、のちに京都大学にもキリスト教講座を寄付した富士見町教会のクリスチャン実業家渡辺荘《そう》の寄付により校舎が落成し、田川大吉郎が富士見町教会を代表して祝辞を述べました。それまでの三年間で、教授三名、講師一三名、神学生五〇名を数えるまでに成長したのです。

東京神学社の教授陣は、明治学院神学部出身者で固められていたと言ってもいいほどです。教授陣に

1908 年当時の東京神学社。植村正久校長（最後列中央）ほか教授・学校職員（出典：佐波亘編『植村正久と其の時代』第 3 巻）

は、校長の植村、毛利官治《かんじ》、白井胤録《たねろく》、大谷虞《おおたにはかる》、千《ち》屋和《やのどか》、小倉鋭喜がおり、それに、柏井園《えん》、川添万寿《ます》得《え》、富永徳磨《とくま》、田中達《たつ》のようなアメリカ留学帰りが加わるのですが、柏井と富永を除いてすべて明治学院卒業の教授陣です。

　とくに柏井園に関しては、明治学院にとっては思いがけない軌跡を辿ります。同志社普通学部を卒業後、高知英和女学校で教鞭を執っていたのですが、植村によって明治学院普通学部の講師に抜擢されました。一〇年ほど勤務し、一九〇三（明治三六）年に教授となりました。まもなく柏井はニューヨークのユニオン神学校に留学します。彼は明治学院教授に在籍のまま留学に旅立ったのですが、二年後に帰国した柏井は、あろうことか、東京神学社の教頭としての職に就いたのです。柏井は教頭就任直後、日本基督教青年会同盟（ＹＭＣＡ）幹事として『開拓者』を創刊し、一九一四（大正三）年には大著『基督教史』を刊行しました。

日本基督教会における東京神学社の隆盛と明治学院神学部の衰退。何がそうさせたのでしょうか。植村に関する三巻本の評伝を著した雨宮栄一氏は、「東京神学社の設立は、正久と井深の友情をいささかも傷つけるものでなかったが、明治学院にとってかなり痛手であったことは否定できない」(『牧師植村正久』新教出版社、二〇〇九年、一三一頁)と述べています。神学部長にして、明治学院総理である井深梶之助の心中は穏やかならぬものがあったのでないでしょうか。私は、明治学院神学部衰退の理由として、次の二つを挙げたいと思います。

第一は、明治学院サイドから言われることですが、日本基督教会内部において両校の比重が異なってきたということ。ありていに言えば、神学部卒業生の任地の問題です。日本基督教会の伝道局を実質的に指導していたのは、東京神学社の校長であった植村でした。植村が二つの神学校の卒業生を区別し、差別したとは想像できませんが、しかし、明治学院サイドから言えば、いくらか不安の思いがなかったかと言えば嘘になります。『明治学院百年史』(二二七頁)では、明治学院神学部ではクラス一の秀才と言われた中山昌樹の任地が遠く大連であったことを紹介しています。そして、この点に関して「もちろん召命に生きようとする神学生にとっては、任地のいかんは問題でなかったかもしれない。しかし、そこになお、学院神学生は卒業後の備えられている道について、一抹の不安と不満を禁じえなかったであろうか」と表現しています。

第二は、神学部自身の衰退と明治学院内部における神学部の比重の低下です。一九世紀の東京一致神学校開学の時は、その多くの著作が井深梶之助によって翻訳出版されたJ・L・アメルマン(James

Lansing Amerman)、そしてW・インブリー（William Imbrie）のような著名な教授がおりました。岡部一興氏が明らかにした逸話ですが、一九〇〇年に山本秀煌がアメリカ在住のヘボンに留学を相談したところ、ヘボンは秀煌の留学に反対し、こう答えたそうです。

「アメリカで得ることのできるすべての神学の教えを、明治学院において得ることができると、わたしは確信しています。インブリー博士以上の教師や教授は、わが国の神学校にはおりません」（岡部一興『山本秀煌とその時代』教文館、二〇一二年、一二九頁）。

ところが、その後はそのような優秀な教授陣は続きませんでした。また二〇世紀に入り、明治学院内部における普通学部・高等学部が拡張し、発展するにつれ、神学部の比重は確実に低下していきました。たとえば、井深が神学部長を辞任した一九二四（大正一三）年には、高等学部長のA・K・ライシャワー（August Karl Reischauer）が組織神学を講じていたほどであり、神学部予科生の教育は高等学部文芸科に委託していました。学院は、普通学部・高等学部の拡張に追われ、神学部の経営は、植村が鋭く批判したように、外国ミッションに依存したままでした。神学生は無月謝であり、さらに月額一三円から一五円ほどの奨学金が外国ミッションから支給されていました。キャンパスの狭隘化により、一九二四年に神学部はついに東京市郊外淀橋町角筈の東京女子大学跡地に移転しました。このような状態を懸念してか、学院理事会は一九一九年にすでに、日本基督教会の大会との関係のもとに、官立単科大学に匹敵する神学校を希望し、東京神学社との合併それ自体が望ましいことを是認していたほどです。

話を東京神学社に戻しますが、一九一七（大正六）年に柏井教頭は、編集責任者をしていた『文明評論』に掲載した田川大吉郎の一文で筆禍事件に巻き込まれます。田川は時の元老政治を批判し、その批判の文章での大正天皇への言及が皇室冒瀆にあたると指弾されたのです。田川は禁固五ヶ月に処せられ、服役しました。柏井も禁固二ヶ月、罰金四〇円、ただし二年の執行猶予つきの刑に処せられ、東京神学社の教頭、教授職を退かなければならなくなりました。

植村は、柏井の猶予期間中に東京神学社出身で札幌の日本基督北辰教会牧師の高倉徳太郎を抜擢し、教頭に据えました。植村は柏井の猶予期間が切れても彼を教頭に戻そうとしませんでした。理由は、柏井が歴史学者であり、教義学者でなかったからだと言われています。

高倉が東京神学社の校長に就任したのは、植村の死去の直後、一九二五（大正一四）年一月末のことでした。植村の死後、合同論議は加速化し、日本基督教会はやがて一九二九年の大会において、二つの神学校の合同を決議し、翌年、日本神学校として歩みはじめることになりました。高倉が教頭としてその責任を負い、さらに一九三一（昭和六）年に日本神学校の校長に就任しました。

三　賀川豊彦のキリスト教社会主義

日清戦争と日露戦争を取り囲む環境の相違は、日清戦争時にはまったく見られなかった戦争反対の主張や行動が、日露戦争時には、一部のキリスト者や社会主義者の間で活発に展開されたことです。『万朝報』は社主黒岩涙香を先頭に最も強く日露開戦に反対していましたが、一九〇三（明治三六）年一〇月開戦やむなしとして、それまでの立場を棄てて主戦論に転じました。それを不満として退社した三人、すなわち、幸徳秋水と堺利彦は『平民新聞』を発刊して反戦運動を展開し、内村鑑三は『聖書之研究』を中心として非戦論の立場を守り続けました。

日露戦争の終わる直前に一七歳で明治学院神学部予科に入学した賀川豊彦は、最も多感な青年期の二年間をこの白金キャンパスで過ごし、新設の神戸神学校を卒業後、一九〇九年に神戸の最下層の人々への伝道を開始し、アメリカ留学を経て労働組合、農民組合、生活協同組合、大震災救援の指導者として、「大正デモクラシー」の時代に八面六臂の活躍をしました。賀川の活動は広範多岐に及びますので、ここでは、明治学院での二年間に焦点を絞って、賀川の青年期の思想形成、人格形成を述べていくことにしましょう。

賀川が南長老教会の宣教師C・A・ローガン（Charles Alexander Logan）、H・W・マイヤース（Harry White Myers）の人格に触れて受洗したのは、徳島中学四年生の時でした。その後の中学時代に彼はトルストイと山上の説教を通じて平和主義者になります。

「洗礼を受けてから、わたしは励んで、勉強するようになった。そのころわたしに感化を与えた書物のひとつにトルストイの『我懺悔《わがざんげ》』があった。トルストイは、わたしの人生の生活内容を支配するようになった。日露戦争がはじまった。しかし、私はトルストイの非戦論を信じて、日本の勝利にも興奮を感じなかった」（賀川豊彦「わが村を去る」毎日新聞社編『若き日の肖像』毎日新聞社、一九五五年所収、一〇二頁）。

それを象徴する出来事として、賀川は徳島中学卒業直前に、軍事教練拒否事件を起こしています。一

明治学院神学部予科時代の賀川豊彦
（出典：雨宮栄一『青春の賀川豊彦』）

九〇五（明治三八）年四月に明治学院高等学部予科に入学。ヘボン館に入寮しますが、五月二七日の日本海海戦の勝利によって日本は興奮の坩堝《るつぼ》と化しました。東郷大将が六月ごろ品川駅を通過する際に、明治学院においても学院生全員で歓迎することになりましたが、賀川ら非戦論者の神学生たちは歓迎を拒否しました。賀川は「明治学院の弁論会に、非戦論の演説をした。それがたたって明治学院の図書館の裏に連れて行かれて、夜の九時ごろ大勢の学生の罵倒を受けて寄宿舎に住んでいた四年生に殴られた」（「わが村を去る」一〇四頁）と述べています。学院に限らず、キリスト者の非戦論は一部の国民の反感を買い、講和条約の不満から起こった日比谷焼打ち事件につづいて、東京市内の多くの教会が焼き打ちを受けたことは周知のとおりです。学院には、賀川をはじめとして、いく人かの非戦論の学生たちがおりました。賀川より半年前に神学部に入学した年長の沖野岩三郎もそうですが、賀川のよき理解者でした。

　賀川の明治学院二年目の夏、たまたま徳島に帰省中、徳島中学の元校長鈴木券太郎の「帝国主義に就いて」という講演を『徳島毎日新聞』紙上で読み、その帝国主義讃美論に対する反論として、わずか一八歳の賀川が同紙に「世界平和論」を発表したことはよく知られています。内容は、賀川が生涯持ち続けることになるキリスト教社会主義論の展開でした。

「絶対〔＝神——引用者挿入〕は人類を教育し淘汰しつつあるものと思考せざるべからず。ここに初めて人道なるものを発見するなり。……その絶対的人道即ちキリストの「汝神のごとく完全なるべし」という主義は信仰をもって初めればなり」。

「ああ社会主義は肉的シンボルを借りてこの新世界を画きしのみ。実にある時来らば地上の神の国は来らん。キリストが《神の国は近づけり》と叫び《神の国は汝等の心のうちにあり》と語りしは、考えて意味のある言葉なり。人道は発展せり。人道はなお発展せん。世界の平和は来つつあり。近きにあり。世界の平和はすでにわれらの心中にあり」（『賀川研究』第一三号、一九四七年、五、一一頁）。

このように、帝国主義批判としての社会主義とキリスト教の神の国の融合を唱える「世界平和論」の特徴点は以下の四つに要約されます。

第一に、帝国主義はあくまでも強者による弱者への圧迫であるといいます。この弱者抑圧の帝国主義に対して、賀川は、「土地国有、普通選挙、生産事業国有、財産平等使用」を主張します。これらは当時の社会主義者たちの共通の主張でした。しかし、賀川は、帝国主義に代わって社会主義社会が実現した時、世界の平和は実現するというのです。暴力革命には言及せず、あくまで理想的な社会を「神の国」と呼んでいます。

第二に、賀川は、人類の歴史は社会主義社会の実現をめざして発展しつつあり、帝国主義は社会主義に至る一段階であると捉えています。

第三に、賀川は、おそらく当時のキリスト教社会主義者が考えたように、新しい社会主義社会の実現と、神の国の到来、完成とを同一視していました。つまり、賀川の社会主義は、宗教社会主義となり、キリスト教ヒューマニズムあるいはさらにキリスト教信仰は不可欠のものでした。

第四に、真の平和を保障する社会主義社会実現の手段は、これまた平和的なものでなければならないということです。この点で、マルクス・レーニン主義のように、社会主義社会実現のために革命を必然とする立場をとりませんでした。この点こそ、賀川が後に労働運動に参加したときに、暴力革命を肯定するサンジカリズムを主張した人たちと袂を分かつに至った最大の理由であり、賀川が平和主義者として生涯持ち続けた確信でした。

すでに社会主義者の帝国主義に関する著作が出版されていたとはいえ、一八歳の若さで、このように理路整然とした論理を展開でき、将来を貫く思想基盤を示すことのできた賀川は特異だと言えましょう。

さらに注目すべきことは、初期のキリスト教社会主義者たち、たとえば、片山潜のくだりで述べた社会主義協会の初代会長村井知至《ともよし》、岸本能武太《のぶた》、安部磯雄、神田佐一郎らのほとんどが、聖書主義、三位一体、人間の原罪を否定するユニテリアンに転向したのに対して、賀川は彼らと異なり、キリスト教会の牧師であることを貫いたのです。

その理由の一端を、賀川が「世界平和論」発表直後の一〇月から翌年一九〇七（明治四〇）年の四月まで、すなわち、明治学院二年目の後半部分を綴った日記「矛盾録」から知ることができます。それによれば、賀川はほとんど授業に出ることなく、二年目にはハリス館という学生寮で読書に明け暮れていたことが分かります。卒業式を目前にした三月二五日の日記には「早く東京を離れて寒村に無抵抗主義を伝えつつ、キリストを語りつつ、伝道せねばならぬ。ああ、明日は卒業式。昨年の卒業式、わが輩の勉強と修養はわが輩の人格のため――去年一定の読書を終わった時に、哀れむべし、豊彦は罪に克っているを発見したのである。嗚呼、過去を思えば如何に一年間に一読せし哲学書は何ぞ。ラッドの哲学、バランの有神論、フリントの歴史哲学、ロッチェの哲学三冊ばかり、ランブレヒトの歴史哲学、ライプニッツの哲学、ラッド宗教哲学」(『明治学院百年史資料集』第二集、一五九、一六〇頁)と記されており、そこには一定の読書傾向があることが読み取れます。

植村のみならず、賀川についても三巻もの評伝をものした雨宮栄一氏はこう述べています。「どうも賀川の場合、歴史の目的は何であるのかという問題と、自分の信仰理解、信仰的実存の理解とは分離されない。いわば自分の信仰、存在意義の確認のために、この歴史乃至宇宙の目的を問う結果に至っていると判断する。……バランとかロッチェを好んで読んだ理由は、これらの人たち、一九世紀の合理主義に対して、自然科学と哲学の統合をこころみた人であり、自然の機械論的な動きを認めたうえで、神の究極的な目的実現の過程を見た人である」(『青春の賀川豊彦』新教出版社、二〇〇三年、二二四頁)。そこには、賀川の「宇宙目的論」に至る壮大な問題意識があったのではないかというのです。

また、「矛盾録」には、他にも次のような興味深い文章を見つけることができます。

「食事して山室〔軍平――挿入筆者〕氏の説教の力の有った事を聞いた。非常に嬉しかった。僕は神に祈って居た。……僕は今日始めてキリスト教の人格宗教だと云う意味を了解した。実にキリスト教は贖われた愛と云う精神より何者も無い。嗚呼教会の生命は教理でなくて此生命愛である（一一月二八日）」。

「吾人は三福音書中の贖を研究せざるべからず。トルストイの反対をも考えざるべからず。徳富健次郎〔蘆花――挿入筆者〕の説教『眼を開け』を聞く。贖に力を入れず、彼亦トルストイの僕なり。いまだ罪の亡びなきあるを知らざるか（一二月七日）」（『明治学院百年史資料集』第二集、一五〇、一五一頁）。

貧困や社会悪に立ち向かった救世軍の山室軍平からは大きな宗教的影響力を受けている反面、トルストイアンの徳冨蘆花に対しては、厳しい評価を下している青年賀川の思想形成を垣間見ることができるのです。トルストイは当初、賀川に対してもそうでしたが、平和主義者に大きな影響力を与えました。しかし、トルストイが山上の説教を主軸に十字架抜きのキリスト教を説くと、トルストイを日本に紹介した植村が「彼の基督教は福音的に非ず。異教臭味案外に多きを認むべし。其の唱導せる所基督教を嫌悪する輩に歓迎せられたるも亦其の故無きに非ず」（植村全集刊行会『植村全集』第七巻、一九三三年、一四三、一四四頁）と断言し、トルストイに対する評価は、キリスト教をヒューマニズムから区別する試金石を提供することになります。

同じ日本基督教会の牧師であり、同じ明治学院出身の牧師である植村正久と賀川豊彦。二人の間には、世代も外国ミッションに対する態度においても隔たりがありました。植村は外国ミッションからの「自給独立」を課題としていましたし、賀川は産業革命により生み出された「貧困の克服」を課題として、その後の牧会生活をスタートさせました。また植村は、外国ミッションの資金を利用した社会事業に対して批判的であったのに対して、賀川はそれを大いに利用しました。また賀川は、明治学院の神学生時代にどこの教会に通っていたかも不明なぐらい既存の教会に対して批判的であり、その後も労働運動等に従事する中で彼が所属する日本基督教会との関係は決して良好でなかったとも言われています。しかし、伝道開始一〇周年の一九一九（大正八）年の翌年にメーデーが開始され、日本における労働運動、農民運動が定着した頃から、賀川は日本基督教会の牧師であることに回帰してきます。賀川は一九二一年の秋、植村の富士見町教会で五日間に亘る連続伝道集会をもち、「イエスの友の会」を結成します。また植村の死後一九二五年、「百万人救霊運動」に出陣し、大きな役割を果たしますが、これも日本基督連盟が決議した伝道方針に従ってのことでした。明治学院における人格形成・思想形成は、その後の賀川の歩みの中に大きな刻印を押したと言えるのではないでしょうか。

四　日本基督教会の朝鮮伝道

日露戦争後の日本政府の対朝鮮政策は、「人道の平等、平民主義の膨張」「アジア人種の覚醒」をもたらすという人々の期待を裏切るものでした。

日清戦争後の下関条約において、第一条「朝鮮が完全に独立国であることを確認する」と謳われており、その上、第二条は「清国は日本に遼東半島と台湾および澎湖島を割譲する」と記されていましたが、ロシア、ドイツ、フランスの三国干渉により、日本は遼東半島の分割化を断念させられました。とくに三国干渉の後、不凍港を求めていたロシアの南下政策は強引であり、ロシアは旅順に入り、そのまま居座り続け、清国保護を名目にして旅順と大連の長期租借を要求しました。その結果、遼東半島の二五年租借および長春・旅順間の鉄道敷設権を手中にし、大韓帝国というれっきとした独立国家の居間に、土足でずかずかと入りこんできたのです。

日本は大変な犠牲を払って日露戦争に勝利し、日英同盟の改定の中で、イギリスは、日本の韓国における「指導、監理および保護の措置を執る権利」を認めました。日露戦争の終わった一九〇五（明治三八）年の暮れ、日本は韓国保護条約に調印し、韓国統監府を置き、外交権を奪い、韓国皇帝に譲位を迫り、これを実現しました。一九〇七年には、第三次日韓協約を締結、韓国軍を解散し、韓国を実質的に植民地化しました。一九〇九年一〇月、伊藤博文はハルビン駅頭で安重根《アンジュングン》により暗殺され、一九一〇年に日韓併合は実現しました。その、第一条には、「韓国皇帝陛下は韓国全部に関する一切の統治権を、安全かつ永久に日本国皇帝陛下に譲与する」と述べられており、ここに大韓帝国は消滅したのです。

一九一〇（明治四三）年八月、朝鮮総督府が設置された直後、『福音新報』に朝鮮のキリスト教との関係を憂うる植村の論説が掲載されました。

「大日本の新領土たる朝鮮は、……或る意味においては、日本が従前に比ぶれば、一層直接にキリスト教と交渉すべき事端〔事件の発端――引用者〕多きを加うるに至らんとす。日本はいわゆる一個の異教的《ヒーズン》勢力として御幣《ごへい》を振り立て、神主の白衣を翻し、偶像祭の鼓吹者として、在朝鮮の外国宣教師およびその下に在る幾万の朝鮮人と接触せんとするか。日本の勢力は朝鮮のキリスト教といかなる関係を有せんとするか。日本の教育制度およびその施設は朝鮮のキリスト教をいかに待《あしら》わんとするか。こは多くのわが国人が想像しつつあるよりも重大なる問題にして、帝国の将来に深刻なる影響を及ぼすものなるべし。

ここにおいて吾人は朝鮮の併合を祝すると同時に、深く戒慎して〔戒めつつしむこと――引用者〕、かつ望みかつ恐れ、ひたすら天祐に依らんと欲するの情転《うた》た切なるものあるなり」(「大日本の朝鮮」『福音新報』第七九二号、明治四三年九月一日、『著作集』第二巻所収)。

また日本政府・総督府と協力して、日本に敵意をもたないキリスト教徒の育成に努めようとした日本組合基督教会の朝鮮伝道を意識しての事だと思いますが、次号の『福音新報』では、植村は以下のように述べています。

「我々はとにかく朝鮮のキリスト教が熱烈なものであるということに吝《やぶさ》かなるを好まぬ。活気有る、燃ゆるごときキリスト教は、いずくに在りても喜ばしき現象と言わなければならぬ。(中略)いずれにしても朝鮮のキリスト者が国を憂え、独立を重んじ、他の威力に対して反抗するの気勢を保つということが事実ならば、たとい根が浅く、中学生徒の無暗に威張るような生意気であるにもせよ、高尚な精神的方面から人道の側に立ちて、これを批評するならば、かえって末頼母しく、後世恐るべしと言うが適当であるまいか。敵の健気な振舞にも感服する日本の武士道から言っても、そうであろう」(「朝鮮のキリスト教」第七九三号、明治四三年九月八日、『著作集』第二巻所収)。

この一文は、当局の忌憚に触れ、『福音新報』は発売禁止になりましたが、外国ミッションからの「自給独立」を唱えた植村ならではの主張だと言えるのではないでしょうか。一九七〇年代から日本で

李光洙（明治学院歴史資料館所蔵）

文筆活動をしていた池明観《チミョンガン》氏は「日本基督教会と朝鮮——一八九二年から一九二〇年まで」（『東京女子大学比較文化研究所紀要』第三九号）において、「これは単なるキリスト教擁護に止まる発言でない。これはその当時としてなしうる、実に勇気ある最大の政治的発言である。……このような精神が日基に生きているならば朝鮮総督府の統治政策に乗って、同化政策をかざす朝鮮伝道など考えられないことであった」と述べています。

韓国における三・一独立運動（万歳事件）は、T・W・ウィルソン（Thomas Woodrow Wilson）アメリカ大統領が一四箇条の平和原則を提唱し、民族自決の気運が盛り上がった一九一九（大正八）年二月八日、神田の韓国キリスト教青年会館で発表された在日留学生の独立宣言が伏線になったと言われています。この独立宣言は、明治学院普通学部を卒業して帰国した後に、早稲田大学に再留学した李光洙《イガンス》（李《イ》宝鏡《ボギョン》）が起草し、やはり明治学院普通学部、早稲田大学を卒業した後、同青年会の幹事を務めていた白《ペク》南薫《ナフン》が差配したと言われています。明治学院普通学部は、一九〇六（明治三九）年から関東大震災前の一九二〇（大正九）年までをピークとし、その後は一九四〇（昭和一五）年前後にかけて一五三名の朝鮮人留学生を受け入れています（明治学院歴史資料館「朝鮮半島出身留学生から見た日本と明治学院」『明治学院歴史資料館資料集』第八集、二〇一一年参照）。

植民地での三・一独立運動に対する総督府の弾圧政策が明らかになるにつれ、日本の大陸進出が文明の伝播であり、その文明が西洋文明であるという意味において、キリスト教の発展とも連なると考えようとした日本人キリスト者の幻想は失望と化しました。

とくに、四月一五日に水原近くの堤岩里の教会に三〇名の村人が集められて殺害された事件は、キリスト教会に対する虐殺事件だったがゆえに、キリスト教界に大きな波紋をもたらしました。日本基督教会は、『福音新報』に在朝鮮牧師二人の見解を掲載しています。京城教会の秋月致《いたす》牧師は、日本で報道された『東京日々新聞』の記事が正しくないことを指摘し、「朝鮮に於ける施政を改善し、国民性を重んじ、人格を貴び、信仰の自由を維持し、日本が目下腐心焦慮しつつある人種差別撤廃の主義に背反する一切の弊害を自ら取り除くに非れば、朝鮮の前途甚だ憂慮せなばならぬ」と述べ、総督府に武断政治からの転換を促しました。また群山教会の鈴木高志牧師も「日本あるを知て他国あるを知らざる盲目的愛国心」を批判し、「日本人には国家以上の崇高なるものが無いものだから他人をも同じやふに見るのであります」、「朝鮮人と雖《いへど》も人間であります。国民的自負心もあり国家的愛着心もありませう。然るに愛国心は日本人のみの専売特許の如くに心得、所謂『日本主義』で傍若無人に振舞えばいかで反動を起さで止みませう。我らは今日の此主義的精神を擺脱《ひだつ》して『己の如く其の隣を愛する』愛の道徳に立つにあらざれば決して末永く東洋の主人《あるじ》たる地位を保つことは出来まいと思います」と述べています（『日韓キリスト教関係史資料Ⅰ』新教出版社、一九八四年、四五五―四五九頁）。

『福音新報』はまた、富士見町教会員で英文学者の斎藤勇《たけし》による詩「或る殺戮事件」を掲載しました。斎藤がこの詩を通じて惨事の実相、官憲の非道、日本側の隠蔽に対する心痛を訴えたことは、韓国人教会史家徐正敏《ソジョンミン》氏によって「日本のキリスト教知識人として良心的な自省を通じて表現した名詩である」(『日韓キリスト教関係史研究』日本基督教団出版局、二〇〇九年、一七七頁)との評価が与えられています。日本基督教会の朝鮮における独立運動に対する眼差しは、当時の日本人にしては珍しく、寛容で、冷静で、客観的なものだったのではないでしょうか。

日本基督教会がそれまでの伝道視察旅行程度の接触を越えて、実際に朝鮮に教職者を派遣して伝道を始めたのは、一九〇五(明治三八)年のことでした。しかし、その伝道は朝鮮という名はついていても、三万三〇八四人と報告されている在朝鮮日本人に向けての伝道に過ぎませんでした。しかし、日本基督教会は朝鮮人への伝道を決して放棄してはいませんでした。その意図は、国内におけるように自力で伝道することにあって、まず在朝鮮日本人の間で伝道を始め、そこを基地として、朝鮮人伝道を試みようとするものでした。この点で、総督府と一体となって朝鮮人への伝道を企てた日本組合基督教会とは大きく異なります。その結果、日韓併合が間近に迫った一九〇九(明治四二)年ごろからは、日本基督教会の朝鮮伝道が活発化します。一九一二(大正元)年に京城、一九一四年には釜山に日本基督教会が落成しました。一九一五年に中会を置き、一九一六年現在で、新義州、木浦、釜山、大邱、群山、龍山、京城の八か所に教会を設立し、会員三〇〇余名、多数の日曜学校の生徒を数えていることが報告されています。しかし、対朝鮮人伝道はほとんど実りをあげることはできませんでした。それに対し、総督府の庇護の下に朝鮮人への積極的伝道を試みた日本組合基督会は一九一三年に、朝鮮全国三八か所に教会を設立して会員二八〇〇名を数えたと報告しています。しかし、どこまで日本人の説く福音が朝鮮人の心を摑んだかは疑問の余地のあるところです。

日本基督教会と日本組合基督教会の伝道路線の対立が火花を交わしたのは、やはり三・一独立運動の際でした。『福音新報』の紙面上で交わされた佐藤繁彦の「鮮人伝道の危機」という論説と、それに対する組合教会朝鮮伝道部長渡瀬常吉と組合教会常務理事大賀寿吉の「鮮人伝道の危機に就きての抗議」という投稿は、このような対立を端的に示しています。「日本組合教会朝鮮伝道本部参事村上唯吉氏は上海における朝鮮独立陰謀団の本部を探る様々なる材料を得て……帰来せり」という七月一日付『大阪朝日新聞』の記事に対して、佐藤は「宗教家が探偵的行動を取るのは如何なる動機にせよ唾棄すべきものと信じる」、「憲兵や巡査は基督教を信じるなら組合教会に行けと鮮人に奨めている」(『福音新報』第一二五五号、大正八年七月一七日)と攻撃しました。それは組合教会の朝鮮同化主義に対する抗議でもありました。三・一独立運動後、組合教会の朝鮮同化主義は行き詰まりを見せました。一九二一(大正一〇)年秋、それまで設立されていた朝鮮人教会を自立自給の教会として「朝鮮会衆教会」と呼ぶことにし、渡瀬常吉は朝鮮伝道から撤退しました。

日本基督教会は、日清戦争の際には、日本が東洋の盟主であること、朝鮮伝道の責任を担っていることに何らの疑問ももたず、義戦論、新文明、すなわち、キリスト教文明あるいはキリスト教受容であるとの主張を振りかざしていました。その日本基督教会が、日露戦争を経て、一九一九(大正八)年の三・一独立運動の時代に至るや、朝鮮民族の自立を認め、総督府と一線を画して、朝鮮伝道を担っていたことに気づかされるのです。このような日本基督教会の姿勢の背景には、多分に植村正久の「自給独立」論の影響があったとはいえ、植民地伝道という観点からしてきわめて特異なあり方を示していたと言えます。

しかし、これはあくまでも「二〇世紀初葉の日本基督教会」について言えることで、十五年戦争が勃発するや、自由で寛容な伝道論は姿を消しました。そして植村が恐れていたように、一九三八（昭和一三）年に「一個の異教的《ヒーズン》勢力として御幣を振り立て、神主の白衣を翻し、偶像祭の鼓吹者として」朝鮮神宮への朝鮮人キリスト者の参拝を強いたのは、日本基督教会議長にして明治学院理事の富田満であったのはなんとも皮肉なことです。このような変化をどうみるか。それは本格的な戦争の勃発だけのせいでもないし、植村正久という強力な指導者の喪失によるものでだけもないと思います。この点への追及は、本講演が限定している「二〇世紀初葉」という時代を超えた課題でもあります。

おわりに

以上、「二〇世紀初葉の日本基督教会と明治学院」について述べてきました。日本基督教会の「自給自立」路線を強力に推進したがゆえに、植村は「日基の法王」と皮肉られたことも事実です。しかし、その外国ミッションからの「自給独立」を旨とする植村の独立教会論・国民教会論は、教会役職者への女性の登用、専門職をもった女性の育成を促し、都市中間層を担い手とする教会を形成し、天皇制絶対主義の日本社会の中で「大正デモクラシー」といわれる自由な風潮のいわば「培養器」としての役割を担ったことは、日本キリスト教史において特筆すべき事実であると考えます。反面、外国ミッションに依存していた明治学院神学部は、日本基督教会における比重を下げ、最終的には明治学院を離れ、日本神学校へと統合されていきました。

しかし、植村は外国ミッションからの独立を優先し、産業革命により当時深刻な課題となっていた「貧困の克服」を、いわば不問に付してきたのですが、その課題に果敢に挑戦したのは明治学院神学部予科を卒業した賀川豊彦でした。初期のキリスト教社会主義者たちの多くがユニテリアンであり、トルストイアンであり、キリスト教会を離れて行ったのに対して、賀川は、その生涯の主張となる十字架と贖罪、無抵抗平和主義をこのキャンパスの中で身に着け、日本基督教会の牧師であることを貫きました。

植村の「自給独立」路線を踏襲した日本基督教会は、植民地朝鮮の伝道の姿勢に、また朝鮮キリスト者の独立運動への理解において、明らかに国家から独立した姿勢を示すようになります。これは、朝鮮総督府と一体となって、同化政策のもとに朝鮮人伝道を試みた日本組会基督教会とはまったく異なる点であります。私は、「信教の自由」が保障される自由教会制の歴史的起源を求めて、長らくイギリスにおけるピューリタン革命期のゼクテの研究に従事してきましたが、二〇世紀初葉の日本を見る限り、興味深いことに、同じカルヴィニズムを信奉する長老・改革教会と組合教会の役割が逆転しているのではないかという点を指摘せざるを得ません。イギリスにおいて、長老・改革教会は、いわば国民教会として既存の支配層を取り込み、国家教会主義を維持する方向に向かうのに対して、各個教会（コングリゲーション）におけるイエス・キリストの主権を強調する独立（組合）教会は、「良心の自由」を擁護し、自由教会主義の方向に向かうのですが、日本の場合、長老・改革教会と組合教会はどうもそうではないのです。

この点の解明は、さらなる研究をまたなければなりません。たとえ、日本基督教会が独立教会的性格を「二〇世紀初葉」に維持したにせよ、十五年戦争期には、国民教会的性格を強めて戦争協力の途を辿ったことも事実です。いずれにせよ、ここで私の講演を終わらせていただきます。ご清聴ありがとうございました。

第四章　キリスト教大学設立運動と教育同盟

はじめに

キリスト教教育同盟会（以下、教育同盟と略記）の設立を促した主な要因として、一八九九年の文部省訓令第十二号（以下、訓令十二号と略記）によるキリスト教学校の結束が強調されてきた。しかしながら、訓令十二号から一〇年以上経過した一九一〇年になって教育同盟が設立されたのはなぜか、という点に関して、これまで十分な説明がされてこなかったのではないか。これについては、第一回から一九一七年開催の第七回総会まで、教育同盟自身設立当時の議事録が不明なことを考慮すると、無理からぬことであった。[1]

本章は、教育同盟の起源について、訓令十二号に対して事実上の骨抜きを勝ち取ったキリスト教学校の動きや「福音同盟会が改組されて日本基督教会同盟ができたことや、開教五十年記念会、さらにはエディンバラ世界宣教大会（以下、エディンバラ大会と略記）の開催などに見られる教会合同や教会一致の運動とも関連があると考えられる」[2]と述べた松川成夫に示唆を受け、戦前の教育同盟にとって長年の懸案であった「合同キリスト教大学」(union Christian College or University in Japan) 設立問題を取り上げる。合同キリスト教大学は、その内容いかんによって「連合」、あるいは「連立キリスト教大学」(federated Christian College or University in Japan) とも表記されるが、一九〇九年の開教五十年記念会、翌年のエディンバラ大会において正式にその構想が打ち上げられ、同時期に設立された教育同盟の活動と密接に関連しており、またこの問題が、当初から教育同盟や一九二三年に設立される日本基督教連盟とも関連する国内のエキュメニカル運動だけでなく、エディンバラ大会とその後の継続委員会、国際宣教協議会、そして駐日宣教師連盟という国際的エキュメニカル運動とも関連していたせいで、紆余曲折を経て一九三九年の国際教育調査報告まで継続するのである。この年には宗教団体法が成立し、国際的エキュメニカル運動との関係は絶たれ、教育同盟の活動が実質的に停滞するから、実現したキリスト教女子大学[3]とは異なり、日の目を見ることのなかったキリスト教大学は、その設立から教育同盟の戦前における活動の大半にわたり纏わりついた「エキュメニズムの亡霊」であったと言えよう。

本章では、この問題を第一次、第二次という具合に、時期と目標を異にする運動として論じることにする。[4] 第一次運動は井深梶之助を中心に、専門学校令が出された一九〇三年ごろから開始され、エディンバラ大会を経て、実際の「合同」運動が失敗し、井深が教育同盟理事長を退いた一九一五年頃までを指し、第二次運動はその後アメリカ海外伝道局の働きかけで再開され、一九二八年のイェルサレム世界宣教大会(以下、イェルサレム大会と略記)頃から盛り上がり、第一次運動の経験からもはや合同ではなく、既存のキリスト教学校を前提とした「連立」のキリスト教大学を目指した。この運動は、一九一八年の大学令を背景に、教育同盟や日本基督教連盟で活躍した田川大吉郎の指導下に進められた。この運動を二つに区分することによって、教会とは性格の異なる個々の学校が加盟する教育同盟における国際的なエキュメニカル運動の難しさが浮き彫りになればと考えている。

一　第一次キリスト教大学設立運動

(1) 前史――訓令第十二号からの立ち直り

キリスト教大学設立運動が高揚した一九〇〇年代前半は、鉄鋼業や機械工業など日本における産業革命が完了し、重化学工業へとさらに資本主義が発展する時期であり、管理職、専門職といった新中間層を輩出する高等教育の需要が拡大した時期であった。

日本は後発の資本主義国として国家主導の教育体制が一八八六年の帝国大学令を皮切りに高等教育においても整えられていった。それによって政府は帝国大学を「国家の須要ニ応ズル学術技芸ヲ」教授研究する大学として位置づけると同時に、東京以外に一八九七年に京都、一九〇七年に東北、一九一一年に九州と各地に帝国大学を設立し、これを学校体系の頂点に押し上げたのである。[5] 他方、私学に対しては、その周辺部に配するという制度原理が作りだされた。一九〇三年の専門学校令がそれである。当時大学は帝国大学以外に存在しなかったので、「高等ノ学術技芸ヲ教授スル学校」である専門学校は大学と制度上区別されていた。そのため、文部省はこの法律により一年半程度の予科を持つ専門学校に対しては「大学」という名称を付けることを許可したのである。一八九〇年から大学部を設置していた慶応義塾、一九〇二年に大学部を設置した早稲田を嚆矢として、一九〇三年には明治、法政、東京法学院(中央)等の法律学校系の私学などが専門学校令下で「大学」と称した。[6]

さらに「国家の須要ニ応ズル」という点からいえば、それに最も遠いのがキリスト教私学であるが、一八九九年に天皇制国家主義政府の訓令十二号によってむしろ一撃された。すなわち、これは官公私立を問わず、すべての法律上認可された学校内で、課程内たると課程外たるを問わず、宗教教育を禁止するという訓令であり、明治学院、青山学院、同志社といったプロテスタントのキリスト教私学を中心に、課程内の宗教教育の廃止を拒んだために、正規の中等学校としての地位を失うことになった。それにより「中学校令」「諸学校通則」等による認可を取り消されるという事は、上級学校への進学資格、在学生の徴兵猶予の特権を失うことを意味し、それはただちに入学志願者の激減となって、私学の経営基盤そのものを失う危機に瀕したのである。[7] それに対して、青山学院、麻布英和学校、同志社、立教、明治学院、名古屋英和の各学校の代表者が会合を開いたが、なかでも、訓令十二号を骨抜きにするよう文部省や政治家に粘り強く働きかけたのが、明治学院総理井深梶之助やアメリカ長老教会宣教師W・I・インブリー（一八四五―一九二八）であった。彼らの働きかけにより、最終的に一九〇四年に宗教教育を貫いた学校にも上級学校への進学資格や徴兵猶予が認められた。キリスト教私学はそれ以降息を吹き返し、それぞれの高等部は一九〇三年に明治学院が、一九〇四年には東北学院、青山学院、同志社が、一九〇五年には関東学院、一九〇八年には関西学院が専門学校令に準拠した学校として確立し、立教は一九〇七年に、同志社は一九一二年にそれぞれ「大学」部を設立するに至ったのである。キリスト教大学が構想された当時の状況はおおよそこのようなものであった。[8]

さて、キリスト教大学について、資料から読み取れる最初の言及は専門学校令が出された一九〇三年のことである。活動や教勢にかんする駐日宣教師による報告書である英文キリスト教年鑑の創刊号はその消息を以下のように述べている。

「なん年か前にキリスト者がキリスト教大学の構想に関心を抱くようになる努力がなされた。そのとき、多くの者にとって、キリスト教学校の卒業生はそれらの学校が備えることができないような課程を政府の学校で追求する事が賢明なように思われた。道はそれから開かれたのである。問題の解決はその構想の復活、その構想の修正にあるように思われる[9]」。

キリスト教大学にかんする議論の出発点において、キリスト教学校の卒業生を「政府の大学」、すなわち、帝国大学に送り込めばいいではないかという意見が多数を占めていたことが窺われる。ところが一九〇七年の英文キリスト教年鑑では、キリスト教大学の設立が明確に謳われるようになる。

「一方には、……キリスト教的世界観によって支配された一つ、あるいはそれ以上の大学において頂点を極めるべきことが不可避であると主張する者たちがいる。他方において、……少なくとも、大学時代は他の学生たちと一緒に帝国大学ですごす方がキリスト者学生にとってよいのではないかという人々がいる。これがどうであれ、なん年か後には、二つ以上のキリスト教大学が設立されるだろうし、それらは、帝国大学と競合しあうだろう。とはいえ、多くの学部と学問領域、たとえば、文学、哲学、法律学において高水準を維持するのでなければ、実際的ではない。もちろん神学においては、キリスト教大学は卓越すべきである[10]」。

この二つ以上のキリスト教大学が、立教と同志社を意味するかどうか定かではないが、帝国大学と競合する大学が掲げられている。

当然このような主張の背景には、すでに述べたように、訓令による打撃を克服したキリスト教学校の発展があった。一九一三年になるが、キリスト教学校の在学者が倍増したことを示す設立形成委員会の報告があるので、それを引用しておこう。

「〔政府の〕八つの高等学校に六〇〇〇人、それに相当する二一の教育機関に一万二〇〇〇人、それに対して同じグレードの五つのキリスト教学校に三〇〇人の在籍者であるから、その規模は政府の学校の一六分の一である。大学にかんしていえば、三大学に政府は七七〇〇人の学生を擁している。それに私立の有力大学である早稲田と慶応があり、仏教系大学を含む八つの規模の小さい大学がある。すべて帝国大学よりはグレードが低い。二つのキリスト教学校〔立教と同志社――以下、断りのない限り引用者挿入〕が他の私立学校に対応する大学部をもち、あわせて二五五人が在籍している。……東京帝大には五五〇〇人も学生がいるが、うちキリスト者は約五〇人でしかない。他の大学においてその比率はもっと少ない。ほとんどだれも在学中にキリスト者にならないし、キリスト者になって大学に入学した少数の者たちもその大学の混沌とした思想状況によって助けられない。……過去一〇年間キリスト教学校の男子学校の在籍者〔の伸び率〕は一〇〇%を越えたのだ[11]」。

(2)開教五十年記念会・エディンバラ世界宣教大会

このようなキリスト教大学設立の気運を具体的な運動にまで高めていったのが、井深梶之助であった。井深は一九〇九年の開教五十年記念会においてキリスト教大学の設立を日本のプロテスタント・キリスト教界の正式な課題として認知させ、翌一九一〇年にスコットランドのエディンバラにおいて開催された世界宣教大会において、この問題を国際的なエキュメニカル運動の課題として提起した。その

開教五十周年記念式典祝賀会園遊会（明治学院歴史資料館所蔵）

背後では、J・R・モット（一八六五―一九五五）ら当時「ミッショナリ・ステイツマン」（missionary statesman）と呼ばれた国際エキュメニカル運動の指導者による働きかけが当然あったであろうし、初期の議事録が不明なせいで明言できないが、エディンバラ大会が開催された一九一〇年の四月六日に京都の同志社で教育同盟が発足したさいに井深が教育同盟会長に選ばれ、第一次合同キリスト教大学運動が失敗する一五年までその重責を担った点から判断して、この問題は教育同盟設立の大きな要因であったことは容易に想像できるのである[12]。

一九〇九年の『井深日記』には以下のような叙述がある。

「七月九日金曜日　午前九時、インブリー氏同道バルトン教授ヲ帝国ホテルに訪問シ、午後一時迄教育上ノ事ニ付キ談話ス。主トシテキリスト教主義大学設立ノ可否ニ関ワル」。

「七月一四日水曜日　午前九時、青年会館ニ於テバルトン氏ト会見ス。イムブリー、ワイコッフ、本多、小方、クレメント、バンニングホク、フヒシャルト余ノ八人ナリキ。元田、タッカルノ二人ハ来タラズ。キリスト教大学ノ事ニ付キ意見ヲ交換シ、余ハ再ビ其ノ必要ヲ論ズ。本多氏ハ一片ノ論文ヲ提出ス。固ヨリ結果ハ今日予知スベカラズト雖モ全ク無益ニハ非ザルベシ[13]」。

「バルトン」とは、シカゴ大学新約学教授E・D・バートンのことであり、世界学生基督教連盟総幹事モットのもとでその運動の一翼を担った人物である。そのバートンと井深はキリスト教大学設立について七月にこうして二度会談をしている。二度目の会談に登場する「イムブリー、ワイコッフ」は明治学院、「本多、小方」は青山学院、「クレメント、ハニングホフ、フィッシャル」は関東学院、欠席した「元田、タッカル」は立教学院のそれぞれ代表であるから、明治学院、青山学院、関東学院に比して、すでに「大学」部設置を果たした立教学院の温度差が表れている。

井深は一〇月六日、日本におけるプロテスタント各派が参加した開教五十年記念会において、「基督教教育の前途」と題する講演をした。内容は以下の三点に要約できる。一、中等教育のみならず大学までキリスト教の感化のなかで教育を受けさせ、キリスト教的品性が養成されることを希望する。二、国民をキリスト教化するのに、社会の指導者たるべき人物をキリスト教化すべきである。三、このような大学の設立は一教派でこれを行うことができない。独立のキリスト教大学設立を希望する。設立費用は少なくとも五百、六百万円必要であるが、内外篤志家の寄付金を仰ぐ以外にない[14]。一〇月九日すべての講演後にいくつかの決議文が可決された。

「決議文　其四　本大会ハ日本ニ於ケル高等ノ諸基督学校ガ既往ニ於テ収メタル効果多大ナルヲ喜ビ認ムルト同時ニ之ト同程度ノ官公立学校ニ比較シ其設備ニ於テ甚ダ遜色ナキ能ワザルヲ遺憾トス。此ノ如キハ日本ニ於ケル基督教ノ前途ノ為メ憂慮ニ堪エザル所ナリ。実ニ日本ニ於ケル基督教ノ前途ノ為メ憂慮ニ堪エザル所ナリ。実ニ日本ニ於ケル基督教ノ将来ハ現在ノ諸基督教学校ノ設備ヲ拡張スルト為ザルトニアリ。加之更ニ緊要ナルハ名実相適エル基督教大学ヲ速カニ設置スルニアリ[15]」。

その後には「我国ニアル諸派基督教会ハ従来福音同盟会ノ下ニ協力一致ノ運動ヲ為シ来リシガ数年前ヨリ時勢ノ必要ニ応ジ愈々此ノ協同一致ノ実ヲ全ウスル為メ之レヲ改造シテ教会同盟ナルモノヲ組織スルコトニナリタリ」という決議が続いた。これは、この大会を契機に、教派を超えた駐日宣教師の交わりから出発し、個人単位でエキュメニカルな運動を推進してきた福音同盟に代わって、プロテスタント各派が団体単位で加盟する日本基督教会同盟の設立を示しており、国内におけるいっそうのエキュメニカルな気運の盛り上がりを反映していた[16]。

教会史家K・S・ラトウレットをして「キリスト教と西洋文明拡大の大世紀最後のクライマックス」といわしめたエディンバラ大会は、一九一〇年六月一四日から二三日まで開催された。代議員は英米中心に、アメリカ・カナダ五九五名、イギリス五六〇名、英自治領二七名（南アフリカ、オーストラリア）、ヨーロッパ諸国（ベルギー、デンマーク、フィンランド、フランス、ドイツ、オランダ、ノルウェイ、スウェーデン、スイス）一七五名、その他一〇名であった。大会の主題は、①福音を非キリスト教世界に伝える、②宣教現場における教会、③国民生活のキリスト教化と関連する教育、④他宗教に対する宣教のメッセージ、⑤宣教師の養成、⑥宣教の基盤としての教会、⑦宣教と政治、⑧協力と一致の推進の八つであり、それぞれに部会が組織され、報告書が作成された[17]。大会のメイン・テーマを扱った第一部会では、「拡大の大世紀」を受けて、プロテスタント教会の世界規模の宣教を強調し、第二部会では、のちに「若い教会」（younger churches）と呼ばれるようになった非キリスト教国の教会の発展が強調された。第八部会はエディンバラ大会の目的そのものであり、大会後も継続委員会として存続した。キリスト教教育を主題にしたのは第三部会であり、準備委員が前もって一四項目の質問を出し、一九〇九年までに二〇〇人以上の回答が寄せられ、一九一〇年四月二二日、ロンドンで開かれた準備委員会で最終的に採択されて、エディンバラ大会に提出する資料としてまとめられた[18]。

井深梶之助（明治学院歴史資料館所蔵）

井深の演説はキリスト教教育について協議された六月一七日に行われた。井深は、既存のキリスト教学校の専門学校は一個の例外もなくその設備と教育の力の両方において強化されることが必要だと訴えたうえで、キリスト教大学についてこのように弁舌を振るった。

「キリスト教大学のなかに、わが国のすべてのキリスト教学校は刺激と目標を見出すのです。その設立は、わが国、ひいては東アジアの歴史に新しい段階を画するでありましょう。……それゆえこの会議において日本と西洋のキリスト者の友にその必要性を訴えたいのです。わがキリスト者の友よ。オックスフォード、ケンブリッジ、イエール、エディンバラ、プリンストンの名を思い起こすとしたら、同時に〔開教五十年記念会〕決議の重要性を悟ってもらいたいのです[19]」。

ここで、エディンバラ大会の推進者であるモットとこの大会の性格について述べることにしよう。日本人がエキュメニカルな国際会議の檜舞台に参加し、そのように自己主張するようになった背景には、もちろん一九〇五年の日露戦争の勝利によるナショナリズムの高揚もあるだろうが、国際青年キリスト教運動の指導者として培った経験や人脈を活かし、エディンバラ大会を成功に導いたモットによる働きかけが大きい。モットは、アメリカのメソディスト教会の信徒で、エディンバラ大会では、準備委員会議長としてこの大会を企画し、大会期間中はそのテーマを扱った第一部会の部会長となり、終了後は継続委員会議長としてその決議を実施に移すため、世界各地で精力的に協議会を開催して歩いた。彼はその後国際宣教協議会議長に就任し、都合一〇回来日することになるが、エディンバラ大会以前には、一八九六年に世界学生キリスト教連盟総幹事として初来日、一九〇一年二〇世紀大挙伝道の応援のため、一九〇七年日本で開催された世界学生キリスト教青年大会のために来日した[20]。とりわけ、モットが企画し、日本で最初の国際会議となった一九〇七年の大会は、二五カ国六二七人の代表が集い、そのうちアジアからの代表一八四人が来日した。企画したモット自身「極東におけるキリスト教史上もっとも著名な出来事の一つ」と述べているが、井深らアジアのキリスト教指導者に、女子学生と一緒の働きへの刺激を与えると同時に、アジアにおける学生キリスト教青年運動の地位、必要を認識させ、大会の成功による自信を深めさせたことの意義は大きなものがあった[21]。

モットが指導する学生キリスト教運動は「それを通じて福音を知識人に至らしめ、それはまた多くの地域で「若い教会」の台頭という著しい結果を伴った」が、その流れはエディンバラ大会にも持ち込まれた。「福音を非キリスト教世界に伝える」というテーマを掲げるエディンバラ大会では、参加者を実際に非キリスト教国に宣教師を派遣している諸団体に限定し、代議員数はその宣教事業への財政規模に応じて配分された。また「若い教会」の発言を重視するために、従来のプロテスタント世界大会以上に一七名の「若い教会」からの代議員を招き、一四名は関係宣教団体により任命され、三名は英米の実行委員会によって任命された。「若い教会」である日本の教会の、キリスト教学校関係者は四名が参加したが、本多がアメリカ実行委員会指名の特別代議員、関東学院の千葉勇五郎がアメリカン・バプテスト、原田がアメリカン・ボード、井深がプレスビテリアンの海外伝道局選出代議員であったのは、そのためである。井深が行ったような演説は大会期間中四七回を数え、そのうち六回は「若い教会」によるものであった[22]。

ジョン・R. モット（出典：『キリスト教学校教育同盟百年史』）

モットはまた、「若い教会」に財政的支援を積極的に与えた。モットは一九〇八年までに世界各地のYMCA会館の建設に必要な資金を一〇〇〇万ドル以上と計算した。アメリカの大富豪ジョン・D・ロックフェラーにそのうちの半分の供出を求めたが、バートン教授を派遣してトルコ、インド、中国、日本における拠点の調査し、その結果を説明して、ロックフェラーからは快諾を引き出した。「ドル外交」で知られるタフト大統領時代の彼の資金集めの一例を紹介すると、一九一〇年一〇月二〇日ホワイトハウス西の間において、モットが議長になり二〇〇人の会議が開催された。冒頭タフト大統領が挨拶し、モットはロックフェラーからの寄付話を紹介、日本、フィリピン、ラテンアメリカ、中国から要人出席のなか、J・ワナメイカー（百貨店主）、G・M・パーキンス（銀行家）、J・ストークス（銀行家）、マコーミック夫人（機械製造業）など富裕な慈善家から一五の建物資金一五〇万ドルを手にするという具合であった。モットはまたエディンバラ大会のために、マコーミック夫人から都合六万二〇〇〇ドルの寄付を獲得し、九九〇〇ドルの予算を計上した第一部会の費用や「若い教会」から代議員を招くにあたって用いた[23]。

大会最終日に行われたモットの閉会演説は「協議会の終りは征服の始まりである。計画の終りは行動の始まりである」という有名な言葉で始まり、協議内容を実行に移すために継続委員会が設置された。継続委員会は、イギリス部門、アメリカ部門、ヨーロッパ部門からそれぞれ一〇名、オーストラリア、中国、日本、インド、アフリカからそれぞれ一名で合計三五名の委員（日本の委員は本多）から構成され、モットが議長に選任された。継続委員会には九つの特別委員会が設けられ、そのうち第四特別委員会が「伝道地におけるキリスト教教育」をテーマに掲げ、A・L・フレーザーが委員長、メソディスト監督教会海外伝道局長J・F・ガウチャー（一八四五―一九二二）が副委員長となった。この特別委員会（以下、教育特別委員会と略記）は宣教師の派遣先のせいで、ヨーロッパ部、アメリカ部（部会長はガウチャー）の二部に分かれ、前者は主としてインド、アフリカ、後者は日本、中国、レバノンの教育事情を調査することになった(24)。

では、エディンバラ大会はキリスト教大学に関してどのような判断を下していたのであろうか。その準備委員会の報告書には、「当面克服できない困難があると考えるのはごく少数である。大多数は留保なしに大学構想を主張している。そのような構想と関連するものについて注意深く考慮したという証拠はなく、むしろ現在のキリスト教教育をより実り豊かにするために大規模に何物かを即座になそうとする必要に迫られた強い感覚がある。キリスト教大学構想は、未決定であるが、暖かく日本人や宣教師から支持されている(25)」と述べられており、この構想が緻密な計画に基づいたものでなく、必要性が前面に躍り出て主張されたものであるという日本の事情が冷静に分析されていた。他方、準備委員会の判断と勧告は、日本で実現される「合同キリスト教コレジ、あるいは大学」(union college or university) の性格を以下のように描いていた。

「できるだけ多くの宣教団体が協力し、他のキリスト教学校は養育者であっても、競争者として振舞うべきでない。それはなかんずく、日本の高等学校に範を求めるよりも、イギリスやアメリカのよきコレジに似た課程をもつ、専門技術ではない学校であるべきことは明白である。しかし当初から高等課程の神学校と、よく組織され十分に人員の整えられた教師のための訓練のコレジで本来あるべきであり、収入が整えられたら、(学部生と学部卒業生のための) 他の専門職業大学院が加えられてもよい(26)」。

エディンバラ大会で示されたキリスト教大学は、超教派の設立による神学と教育を中心としたリベラルアーツ・コレジであり、次のステップとして専門職業教育へと発展していく大学であった。

(3)「組織合同」か「連合」か

一九一一年三月、継続委員会の教育特別委員会アメリカ部門長のガウチャーが視察調査のためにさっそく来日した。これに対応して、駐日宣教師連盟からも「日本において第一級のキリスト教大学を設立するというこの最も重要な企画に着手するための明確な計画をできるだけ早く起草すべきである」と迫られていた教育同盟は、ガウチャーらアメリカ側委員から出される疑問に返答するための特別委員会「基督教大学形成委員会」を設置した。(27) その際のやり取りは定かではないが、青山学院中等科長・高等科長石坂正信の見解を要約すると、このようになる。

「資金として二五〇万ドルを募金するというプランが作成された。ところがこのプランに対して米側委員の意見では、このような大規模な大学を設立するには基礎が必要であり、土台を作らなければならぬ。それには先ず在米の各ミッションの経営にかかる諸学校を連合統一して、その上に大学を設立すべきである。……多くの便宜があるのでこの学校を青山に設けること、各ミッション単独の教育事業は中等程度のものに限ること、この連合した学校が発達して大学に漕ぎつけるに到る時、他に適当の位置を求めてそこに大学を設立する事等であった(28)」。

井深の明治学院は、このようなアメリカ側のプランに積極的に食指を伸ばした。一一月二九日の臨時理事会記録には「基督教主義ノ大学設立・合同ニ両〔アメリカ長老とアメリカ・オランダ改革〕伝道会社モ賛成センコトヲ要求スルコト、其委員ニ井深、インブリー二氏ヲ挙ゲ交渉セシムルコト(29)」とある。青山学院はキリスト教大学を各キリスト教学校の「連合統一」の上に位置づけるのに対して、明治学院が

「設立合同」と表現している点は、第一次キリスト教大学設立運動の行方を占ううえで意味深長であった。

一九一二年に基督教大学形成委員会はその活動を続けた。三月五日の消印がある井深宛本多の葉書には「昨日は元田君さし支え有之候て千葉君と共に報告仕候　五十余名集会に有之候[30]」とその消息を伝えている。元田とは立教中学校長元田作之進であり、青山学院の本多と日本バプテスト神学校（関東学院）教頭千葉の報告があった。すでに大学部を設立した立教学院は、基督教大学形成委員会に欠席であった。一九一三年はエディンバラ大会継続委員会議長モットの第四回目の来日により、キリスト教大学設立運動が盛り上がった年であった。四月にモットによる東京協議会が開催され（第一回全国基督教協議会）、その重要問題質問項目調査委員の報告書によれば、その質問項目の第五がキリスト教教育についてであり、一四の質問が出されている。「一三、第一流の中央基督教大学を設立する必要ありや。此の大学は如何なる分科を包括するべきか。又現在の基督教、及び非基督教学校との関係を如何にするべきか。如何にして必要なる資金及び教員を得るべきか。日本の他地方に此種の大学を設立する必要ありや[31]」。これらの質問に対して「日本における中央キリスト教大学の必要に関する意見書」がモットに提出された。この意見書は教育同盟によって選挙された基督教大学調査委員会「高等学部連合に対する協議委員会」すなわち、井深、元田、石坂、D・B・シュネーダー（東北学院長）、C・J・L・ベーツ（関西学院長）、J・F・グレシット（東京学院長）らが作成し、「中央の超教派大学（a central inter-denominational university）は首都に位置し、日本のキリスト教の統合力になる」という結論のこの文書は、継続委員会の教育特別委員会アメリカ部門の主張を受け入れたものであった[32]。調査委員会には、立教学院の元田や関西学院のベーツといういわば大学部を単独で設立したか、あるいはその計画をもっている学校の代表者まで加わっていることから判断して、教育同盟が全体としてキリスト教大学設立を支えようとしていたことが伺える。実際、大学部を設置したばかりの同志社長原田が四月二五日付井深宛書簡において「継続委員組織及其活動開始之事可相成ハ……其旨ニ就テ決議致度候　モシ今日熱ノ未ダ左ヲザル中ニ着手セザレバ或ハ遂ニ機会ヲ逸シ去ラン事ヲ恐レ申候得共此旨特ニ御一考被成下度願上申候新聞紙上ロックフヱラー氏弐百万円寄附之事（日本大学設立の為）真偽如何御序ニ御一報被下度候[33]」と述べて、この運動の拡がりやタイミングを気にしているのである。実際この年に合同の試みが非公式ながら始まった。とくに明治学院のインブリーとA・K・ライシャワー（一八七九―一九七一）は東京における各高等部の合同の実現に熱心であり、四月には明治学院、東京学院の両高等部の合同授業が進められ、合同実現後両校の高等部は「大正学院」となるはずであった[34]。

他方、基督教大学形成委員会も一九一三年六月、一〇月に会合をもった。だが、会合を重ねるにつれ、キリスト教大学の設立構想に関して、東京のキリスト教学校の間に乖離があることが次第に鮮明になった。そのため一一月に東京のすべての学校、すなわち、青山学院、立教学院、明治学院、聖学院、そして東京学院の代表者が会合し、熟慮の末に、各学校に二つの構想の選択を正式な票決に委ねることを決定した。一方は、高等部の「組織合同」（organic union）であり、他方は「連合」（federation）である。一九一四年一月の基督教大学形成委員会では、明治学院、聖学院、東京学院が高等部の「組織合同」に賛成し、青山学院、立教学院が既存の高等部を温存した「連合」に賛成した。討議延長の末に、エディンバラ大会継続委員会の教育特別委員会アメリカ部門に対してこの分裂した状況に関して完全な陳述をする小委員会を設置した。[35] 青山学院は高等部の組織合同に賛成した三校に対して、「いずれも現在高等科は置かれてあるものの、それは至って、微々たるもので、殆ど有名無実であるので、高等科を廃するのは彼らにとって余り重要なことではない[36]」と観察していたのであるが、構想の提案者である教育特別委員会アメリカ部門長が「青山学院の創立と発展に大きな援助を与えた」メソディスト監督教会海外伝道局長であったガウチャーであることから、駐日宣教師たちは最後まで合同の可能性を捨てなかった。バプテスト・ミッションの二人の宣教師も参加した一月三一日の明治学院理事会において、ライシャワーは「『メソジストミッション』コーツ氏等ト会談セシ所ニヨレバ青山学院ノ方モ合同ニ関シテハ尚協議ノ余地アルガ如シ」と説明した。それに対して、むしろ井深はその報告を遮るかのように「青山学院ヨリ分離シテマデ只高等科丈ヲ他ト合同スルコトハ出来ザルナリ旧来ノ歴史モアリ其他種々ノ理由モアリ」との青山学院長高木壬《みず》太《た》郎《ろう》からの書簡を紹介した。その後「兎ニ角今一応青山学院ノ人々ト会合シテ合同ノ協議ヲナス」というインブリーからの動議可決によって、明治学院は青山学院に最後の希望をつないだのである。[37] 青山学院はこのことを米国メソディスト監督教会海外伝道局とカウチャーに伝え、一〇月のガウチャーの来日を待って、一〇月一五、一九日の臨時理事会を開催し、「オルガニック合同は到底実施シ難ク寧ロ同盟ノ方法ヲ可トスル」旨を明治学院に伝えた。[38] 一九一五年になっても井深の周辺では、札幌バンド出身の新渡戸稲造、佐藤昌介らとの「日本基督教大学」構想が立てられ、憲法草案まで作成されたが、井深はこの年をもって教育同盟会長を引き、キリスト教大学設立運動から退いたのである。[39] その後は当面、駐日宣教師やアメリカの海外伝道局によってこの運動が継続されることはあっても、キリスト教学校の日本人責任者からこの運動の烽火が上げられることはなかった。

二　第二次キリスト教大学設立運動

(1)アメリカ側の働きかけ

終息したかに思われたキリスト教大学設立運動が再び息を吹き返したのは、一九一六年のことであり、その起点となったのは、アメリカのミッショナリ・ステイツマンと各教派の海外伝道局であった。シュネーダーの筆なる英文キリスト教年鑑の教育報告はその消息をこう伝えている。

「連合キリスト教大学設立運動は危機的段階にある。高等教育レヴェルのキリスト教教育の必要性という確信は、運動が始まって以来一般的であったが、実際の開始方法において具体的に何物かを実現することが長らく遅れたために、意気消沈している。しかし必要なのである。……幸運なことにアメリカでは以前より今日までこの運動に、より真剣で、重要な関心が払われている。スピア、バートン、ガウチャー、フランクリン博士のようなミッショナリ・ステイツマンたちは、必要とチャンスという幻を掲げている。この問題に対する非公式な会合が九月二五日にニューヨークで開催された。会合で、海外伝道局にこの問題を考慮する共同委員会を任命することを求める点が決議された。共同委員会は一二月八日に開催され、一一の海外伝道局が代表を派遣し、スピアが議長をした。委員会は以下のような決議をした。一、帝国大学レヴェルの一つのキリスト教大学は日本のキリスト教の将来にとって必須である。二、各派の海外伝道局は二名の代表を出し、協議会を作ること(40)」。

この決議によって鼓舞され、駐日宣教師連盟は一九一七年一月の年会で「キリスト教大学設立のためにそれぞれの宣教師に伝道局への報告書を新たに書くよう努力する」ことを奨励した。そして駐日宣教師連盟は「危機的段階において、何としてもキリスト教大学を確立することこそ神の召し the call of God なのである」とさえ報告している。[41] アメリカのその後の消息についてはライシャワーが一九一九年に以下の報告をしている。

「キリスト教の援助のもとで大学レヴェルの男子高等教育の確立に対する関心が再び復活してきた。これは、高等教育に対する新しい法令が雰囲気を一掃したこと、アメリカにおける伝道局がそのような事業に着手する準備をしようとしているという事実によるものである。去年一二月にニューヨークで開催された会合において、各派の伝道局からの代表は、それぞれの伝道局に、東京におけるキリスト教大学を設立し、維持するのに必要な経費年間約七万ドルの支出を、案文配分することを求めることで一致した。各海外伝道局が献金する総額は、どれぐらい多くの伝道局がこの運動に加わるか次第であるが、しかし、明確な端緒がメソディスト監督伝道局、プレスビテリアン伝道局（北部）によって設定され、それぞれは、年間一万五〇〇〇から二万ドルを申告している[42]」。

キリスト教大学構想が正式に打ち上げられてから一〇年目にして、ようやくその財政的裏づけの話が持ち上がったのである。アメリカの伝道局はその際向こう五年間に必要な七〇万ドルの半分の負担を申し出ているのであり、残りの半分と敷地の分は日本の基督教大学形成委員会が「日本の寄付者から獲得する事を求める」と伝えている。[43]

一九一八年はエディンバラ大会以来の懸案であったキリスト教女子大学設立運動の結晶である東京女子大学 Woman's Christian College of Japan が開校し、一二月には、私立の専門学校を大学に昇格させる大学令が出された。一九二〇年二月慶応義塾、早稲田が、四月に同志社・明治・法政・中央・日本・国学院が、一九二二年には立教・龍谷・大谷・専修・立命館・関西・拓殖などが大学令による大学に続々と昇格した。そのさい、大学令に準拠した大学としての認可を得るためには、一校五〇万円、一学部増すごとに一〇万円という膨大な基本財産を国庫に供託しなければならなかった。[44] ちなみに、当時は第一次世界大戦による戦後不況発生前夜のため米価が変動したので高低差があるが、現在換算するとおよそ七億円から二〇億円の供託金をまだ小規模な私立大学が用意したといえる。それに対して、キリスト教大学の立上げ資金に必要であるとアメリカ側が見積もった七〇万ドルという金額は、一八九七年採用の金本位制の交換比率一〇〇円＝約五〇（四九・八九）ドルで日本円換算すると、一四〇万円ということになる。

(2)国際教育調査事業

停滞していたキリスト教大学設立運動に新たな気運が生じた。エディンバラ大会継続委員会は一九二一年に国際宣教協議会へと発展改組し、議長であるモットは翌年来日した。彼自身六回目の来日であり、第二回全国基督教協議会が開催された。一九二三年全国基督教協議会はプロテスタント各派、各団体が加入する日本基督教連盟に発展解消するが、一九二二年の第一二回総会において教育同盟は、日本基督教連盟への加入を可決している。そのさい、第二回全国基督教協議会において「高級基督教大学ノ設置」を協議した旨の報告がなされた。[45] その新たな気運は、一九二五年にイェルサレム大会（一九二八年）に向けてモットが七回目の来日を果たした時にさらに大きくなった。日本基督教連盟総幹事宮崎小八郎は日本の使命の第二番目に「基督教大学を東京に創設し東洋教化の策源地となす事[46]」を掲げた。そのさい開催された鎌倉協議会において「現存する宗教学校中、大学程度の部分を相互連絡すること、猶将来設立さるべき同程度のものをも包含すること。前項の連絡組織に対し之に包含されたる各学校の代表者を以て連合協議会を設くるの必要を認む」という決議によって、キリスト教大学設立の方向が暗示された。しかも、「鎌倉協議会教育部の決議は日本基督教連盟の教育同盟会に委譲して考慮を請うこと[47]」になったのである。

日本人の側には一〇年前の井深の挫折以来この課題を担う者がいなかったが、それを担う人物が出現した。明治学院総理として井深の後を襲った田川大吉郎である[48]。田川はもともとジャーナリストで、その後国会議員となるが、植村正久の牧会する富士見町教会の教会員であることからキリスト教学校の経営と関わるようになり、一九二五年に明治学院総理に就任、教育同盟の理事長を二七年から三七年まで一一年間務めた。その間彼は「全国基督教聯盟教育部ハ我ガ教育同盟役員ヲ委員ニ加フル事トナル」という教育同盟の決議[49]を背景に日本基督教連盟と教育同盟の一体化を推進、第二次キリスト教大学設立運動の中心的担い手であった。

田川大吉郎（明治学院歴史資料館所蔵）

開教七〇年目にあたる一九二九年のモット八回目の来日は、イェルサレム大会以後の世界の教勢、影響を説明するためのものであったが、日本人の側のキリスト教大学設立運動に再び火をつけた。モットは四月に鎌倉と奈良で特別協議会を開催した。その後出された「教育に関する委員会の答申」において、キリスト教学校の財政の日米による向上とならんで「合同キリスト教大学」の設立が列挙され、「この機関は社会科学、神学研究、キリスト教運動に役立つ他の学問に集中し、次第に帝国全体のキリスト教思想やその影響力の中心となる」と述べられた。[50] 田川は、アメリカ赤十字と協力して関東大震災後の復旧支援に二〇〇万円の募金寄付をした功で勲一等瑞宝章を受けたモットに、キリスト教高等教育改善のための基金の設立を働きかけた。神戸女学院院長C・B・デフォレストの田川宛書簡はこう述べている。

「私は奈良協議会の教育にかんする委員会の議長でした。貴殿が鎌倉でまったく独立してなしたように、われわれ奈良委員会も以下の事を推奨します。すなわち、日本キリスト教教育基金（Japan Christian Education Foundation）が、国内外で日本のキリスト教学校における高等教育を援助する基金を募るために設立されるべきであるということです。……私は貴殿と基督教教育同盟がこの問題に着手する段階に関心をもっています[51]」。

田川自身もモットに対して以下のような書簡を宛てている。

「私は日本基督教連盟の教育委員会、教育同盟理事会の両方の議長ですので、両者の合同委員会を招集しました。……日米で基金を募る前に、われわれの学校の財政的窮状の範囲を調査する必要があるだろうということになりました[52]」。

こうして田川のキリスト教高等教育改善のための基金の設立という提案は、教育調査事業から開始するということになった。教育同盟は、同年九月にマサチューセッツ州ウィリアムタウンで開催された国際宣教連盟常務会議にシュネーダーと日本基督教連盟総幹事海老沢亮《あきら》を派遣、そこでアメリカより二名、イギリスより一名、日本より二名の委員による国際教育調査事業の実施を取り付けた[53]。

一九三〇年は国際教育調査事業の準備の年であった。日本基督教連盟の機関紙『連盟時報』はその様子をこう述べている。

「教育同盟会は単に連盟の構成団体の一つであるのみならず、其の教育部委員として同盟会の理事者を殆ど皆御願いする慣例を作りつゝあって、言わば二身一体である。英米よりの調査委員に就いては本年国際宣教連盟のワーンサイス幹事が来朝されて、縷々モット博士とも交渉せられ、着々具体化せられて居り、且連盟総会に於ては特に該教育調査の有効に行なわるるやう決議が通過している[54]」。

九月には日本側の教育調査委員の人選が行われ、委員候補は井深の他、杉浦貞二郎（立教大学長事務取扱）、大工原《だいくはら》銀太郎（同志社総長）、安井てつ子（東京女子大学長）、実務委員として田川の他、シュネーダー、松本益吉（関西学院副学長）、W・アキスリング（アメリカン・バプテスト宣教師）、海老沢の名前が挙げられた[55]。一一月の教育同盟総会において、「基督教大学設置に関する提議（千葉勇五郎）――田川議長は、先年鎌倉に開催されたる所謂モット協議会において、該問題に関して決議せられたる成文をよみ上げ、千葉氏の提議を可決することの適当なるべきを述ぶ。之に対し高垣氏及び宮崎氏の反対意見もありたるが、採決の結果大多数をもって通過[56]」した。またもやキリスト教大学の設立は教育同盟の正式の課題となったのである。田川はシュネーダー宛書簡において、自身ありげにこう述べている。

「教育委員の来朝せらるる事は、私の、日本基督教教育のため、中心〔ママ〕からの切なる願いであります。その結果として、相当大きな資金が米国より提供せられんことを期待いたします。委員の方が……調査せらるるからは、必ずその結果のあることを信じます……私のこの事に対する今日の心配は、多くの資金を米国に仰ぐことではない。仰いだ後、如何に適当な〔判読不能――引用者〕を使用するか。別して、その基督の愛に由る超国家的同情をどうして深く記念するか。その道を誠実に考慮することに在ると思います[57]」。

(3) 「連立大学」から「研究所」へ

一九三一年一〇月アメリカ側の教育調査委員が来日し、いよいよ日本のキリスト教教育調査が開始された。田川は、在米の青山学院神学部長で日本基督教連盟教育部主任の阿部義宗に調査の事前打ち合わせを依頼した他、稲澤謙一を専任の実務委員に任命、井深、杉浦、大工原、安井の他に、著名なキリスト者知識人である新渡戸稲造、佐藤昌介、山本忠興、羽仁もと子を調査委員に加えた[58]。新渡戸は元国際連盟事務次長、佐藤は元北海道帝国大学長、山本は富士見町教会出身で早稲田大学理工学部長、羽仁は自由学園の創立者であり、万全の体制で迎え入れた。アメリカ側の調査委員はデポウ大学総長G・B・オックスナム、ピッツバーグ市職業教育指導監督官E・レイナードスン、国際女子キリスト教青年会主事R・ウッドスモール、北部バプテスト教育局幹事F・W・パデルフォードの四名であり、阿部と一緒に来日したのである。一行は各キリスト教学校に調査質問書を送付し、日本側調査委員と一緒に一〇月、一一月と全国を調査して歩いた。『連盟時報』には日本側一委員から「教育調査事業に対する期待」という文章が掲載されている。

「諸君の賛成協力を得たいと切望して居る一事は、鎌倉協議会に於ける希望事項の第五に掲げられた合同基督教大学の設立に就いてである。吾等は、これを以て、今日の日本に於ける、特に、基督教教育に於ける最大必要の計画と思ふが故に尚述ぶる所ありたい。……何故に、その合同大学を必要とするか。一、基督教を日本に必要と信じるからである。二、基督教的最高学府なしには、日本を基督教に転向せしむることは困難である。三、基督教主義の各学校に学びつつある青年に対して、進路を誤りつつある者……基督教青年にして、高等学校に学び、帝国大学に学びつつある間に、基督教会を遠ざかり、基督教の信仰を失った実例に、……しばしば遭遇しつつある[59]」。

また一一月に開催された教育同盟総会も大いに盛り上がった。「本邦委員の希望の一案」ということで田川、井深、杉浦がそれぞれ意見を述べた。

田川「基督教合同大学の設立を望む。東京方面に一個、関西に一個。然し東京には立教大学あり、関西には同志社あり又関西学院も大学たらんとしてゐる。故に委員会では控へ目に考へて現存大学の意見を徴したところ、立教では個人的意見ではあったが、もし合同大学が出来れば立教はその一要素とならう……同志社もほぼ同様、女子大学も、もし合同大学が実現するならその一要素となって男女共学の大学にしたいとの事であった」。

井深「基督教大学設置に就て、現在あるものを無視するのでも、無くするのでもない如何なる形で出来上がるかの具体案はまだ無い。ただ現在のものの完全でない点を如何に補ふかの問題である。大学院設けることも一案であらう。現在のものを総合して総合大学にするのも一案であらう。ただ基督教大学を設けたいとは二十年前からの希望であって、要するにシステイム・オブ・クリスチャン・エヂュケーションを貫徹させたいのである」。

杉浦「一つの河のやうに小学から大学まで完備せる基督教教育がなければ将来日本の文化を作るのにどうかと思ふ。医、法、理工、の部門の大学教育を完備せしめ、又基督教信者の教育者を養成する事も必要と思ふ」[60]。

一二月日米の合同の教育調査協議会が開催され、キリスト教大学について結論が出された。第一次設立運動の経験に基づき、そこで打ち出された計画の骨子は、「二個の既にできた基督教大学、及び、大学たらんことを求めつつある他の専門学校等の近状に鑑み、吾等委員は、新大学が既成の基礎の上に建設されんことを推奨するものである」と述べられ、明らかに「連立大学」構想が述べられていた。またその具体案として「日本基督教大学」という社団法人が設立され、その連立大学の実体は「学位授与機構」のようなものであった。

「ここに大学評議会を置く、評議員は各構成学校の代表者と、有能なる男女指導者により、少なくとも三分の二は基督教徒たること。……評議員会は、その構成諸校の何所の卒業者に対しても、総て学位を授与すること。但しその証書には、何れの学校にて学業を履修したかを明記すること。……評議員会は、本大学に加入せしむる各学校の認可標準につき規定する所あること。その標準は各学校にて保全すべく、大学の学位授与に関する検定を為すこと[61]」。

控え目な発言ながらも井深のいう教育同盟二〇年来の希望はこの現実的な案によって実現するかのように思われた。

しかし、ここから第二次キリスト教大学設立運動はなんらの進展もみせなかったのである。その原因として二つの理由が考えられる。第一に、この計画には財政的裏づけがなかったことである。田川は一九三二年三月のアメリカ長老教会海外伝道局T・M・ポッター宛書簡で「関東と関西の二つ〔キリスト教大学〕を望みます。今日の同志社大学はまだまだ低い。立教大学はまだまだ低い。それよりも高い一つの基督教大学を望みます。その資金の見込みは……つきません。昨年委ねられた教育調査委員が……それを作成してくれませんでした。近く見交わる調査委員諸氏はどうでしょうか。私は諸氏には御相談する機会を持ちたいと思っています[62]」と嘆いて

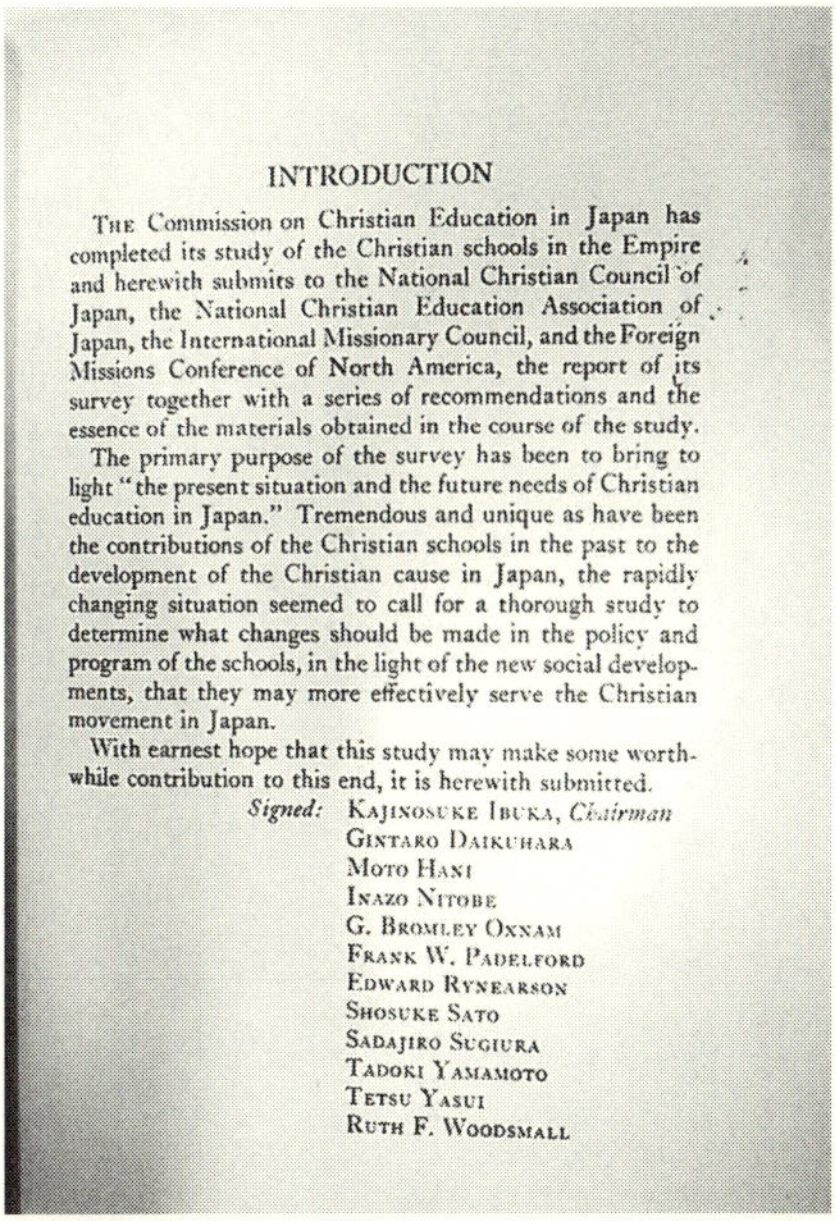

INTRODUCTION

The Commission on Christian Education in Japan has completed its study of the Christian schools in the Empire and herewith submits to the National Christian Council of Japan, the National Christian Education Association of Japan, the International Missionary Council, and the Foreign Missions Conference of North America, the report of its survey together with a series of recommendations and the essence of the materials obtained in the course of the study.

The primary purpose of the survey has been to bring to light "the present situation and the future needs of Christian education in Japan." Tremendous and unique as have been the contributions of the Christian schools in the past to the development of the Christian cause in Japan, the rapidly changing situation seemed to call for a thorough study to determine what changes should be made in the policy and program of the schools, in the light of the new social developments, that they may more effectively serve the Christian movement in Japan.

With earnest hope that this study may make some worthwhile contribution to this end, it is herewith submitted.

Signed: Kajinosuke Ibuka, *Chairman*
Gintaro Daikuhara
Moto Hani
Inazo Nitobe
G. Bromley Oxnam
Frank W. Padelford
Edward Rynearson
Shosuke Sato
Sadajiro Sugiura
Tadoki Yamamoto
Tetsu Yasui
Ruth F. Woodsmall

国際教育事業調査報告書 *Christian Education in Japan*, New York, 1932.

いる。ここには明らかに一九二九年一〇月ニューヨーク・ウォール街の株価大暴落から始まった世界恐慌の影を見て取れるのである。第二次キリスト教大学設立運動の盛り上がりとは裏腹に、アメリカでは景気が異常に冷え込み、かつて各教派の海外伝道局が提示したような資金的裏づけはついに得られずじまいであった。第二の理由は、「連立大学」とならんで教育調査報告書が要求している「神学校の合同」という構想が連立大学の進展にとって障碍となったことである。一九三二年からモットが九回目の来日を果たした一九三五年まで、田川は精力的に神学校の合同を働きかけたが、この問題はしばしば教育同盟総会の紛糾要因であった。この点に関して、一九三四年の教育同盟第二三回総会神学校部会報告で出された次のような発言は問題の本質を暴露している。

「〔神学校合同問題について、その後の経過に関して意見交換〕大学組織をなせる学校にありてはその神学部を失ふことによりて、学校存在の意義に影響する処大なり従って大学内神学校合同を推奨せらるる根本原理如何等の意見あり(63)」。

日本神学校設立のため神学部が切り離された明治学院の場合はむしろ例外的で、設立以来各キリスト教学校の高等部や大学は、各教派の海外伝道局が設置した神学校を母体として発展してきた。それゆえ、おもな神学校はキリスト教学校のいわば土台をなしており、それを動かすということは、土台無理な話であったし、そのうえに建つ各大学の連立にとってブレーキとなったのである。

一九三六年になって新しい動きがあった。シュネーダーが「基督教単科大学設立案」を提起し、教育調査委員会の日本側委員会は以下の二案を具体的に提示することとなった。それは、連立大学ではなく、

「現存の基督教大学の上に協同の大学院又は研究所の如き機関を設くる方針を取る事」。「右大学院又は研究所の如き機関による専門学校出身者を収容すべき単科大学の付設を考究すべき事、其の場合は現存の基督教大学と重複せぬやう、師範科国際科の如きを設くるを適当とすべき事」[64]という二案であった。大学院の如き学術研究所設立案は同志社総長湯浅八郎が、大学設立案は山本忠興が具体案を整え、日本、およびアメリカの国際調査委員会へ提出することになった。田川は一九三五年に明治学院長を自ら辞任していたが、教育同盟における田川の扱いもまた問題となった。田川の連立大学案はその後進展がなかったものの、教育同盟との「今後の関係に関しては理事会一任の意見あり、顧問説、会長説等あり、表決の結果、田川氏を顧問とすることに可決。都留氏ノ提案により本総会の総意として満場一致可決」[65]ということになった。こうして田川は、キリスト教大学設立運動の第一線から退いたのである。先の二案の行方はどうかというと、一九三八年に教育調査国際委員会報告として研究所案で進めるということになった。

「既設大学に影響を及ぼさざる方針の下に一ツの基督教学術研究所を設け権威ある自由の研究機関となすと共に若干の学生を教育指導すべきものを第一案として北米委員会へ提示する事ととなり湯浅八郎氏立案の該案を英訳して取敢えず先方へ送達したり尚該案に対する修正意見又は代案の提出もあり」[66]。

そして一九三九年、日中戦争が戦火を強めることにより戦時色がいっそう濃厚となり、アメリカとの関係はおろか、日本基督教連盟や教育同盟自体が戦時体制に組み込まれ、第二次キリスト教大学設立運動はついに終結となった。

「満州及び支那事変の影響、財界不況の関係等により、基督教大学設立案並に基督教研究所設置案は、共に卓上に置かれある次第なり」[67]。

おわりに

田川は一九四〇年、舌禍事件に問われ官憲から身を隠すために中国に渡り、上海のキリスト教大学である聖約翰（セント・ジョンズ）大学で教えた。彼はまた「国際大学構想」を発表しているが、これは彼の大学論の理想であると同時に、キリスト大学設立運動により培われたものでもあった[68]。一九四五年日本の敗戦により第二次キリスト教大学設立運動を葬った戦争が終結した。翌年モットはそれまでの国際的な援助活動が評価され、ノーベル平和賞受賞を受賞した。エキュメニカルな背景をもつキリスト教大学運動は、戦後の国際基督教大学（International Christian University）に受け継がれた。ICU自体一九五三年の開学であるが、戦後間もなく大学院レヴェルの研究所から始まり、「既存のキリスト教学校と機能を重複させる意図のない」国際学や教育学の盛んな大学であり、またその基盤固めに山本が奔走し、初代学長に湯浅が就任するなど、キリスト教大学設立運動の成果を示す大学であった[69]。

さて、教育同盟の設立と大きく関わり、不死鳥のごとく教育同盟のなかに繰り返し立ち現れたキリスト教大学設立運動とは何だったのであろうか。本稿では、エディンバラ大会を契機にインド、中国でも起こった同様の運動について言及し、比較検討[70]できなかったが、日本にかんする限り、以下の三点にその問題点をまとめて稿を閉じることにする。

第一に、この大学は、訓令十二号の痛手から立ち直り、高等教育の発展を志向していたキリスト教学校にとって必要とされた。政府主導下にすでに確立され、「国家の須要ニ応ズル」学問を要請された帝国大学に対抗して、潤沢な資金によるリベラルアーツ・コレジを志向したことが後発資本主義国日本において有した意味は、高等教育段階におけるキリスト教教育を考えるうえで大きなものであった。

第二に、この大学の設立運動は、第一次運動がエディンバラ大会以後、第二次運動が世界キリスト教協議会の前身である国際宣教協議会の発足後に活発化したように、超教派の国際的エキュメニカル運動と密接不可分に関係していた。とりわけ、各教派の海外伝道局を束ねるモットの影響力は大きく、一九〇九年就任のタフト大統領から始まり、世界恐慌後に終息するアメリカの「ドル外交」とも関連するものであった。

第三に、個々の教派によって設立された神学校を中心に独自の発展の歴史をもつ各キリスト教学校と、エキュメニズムの対抗と相克の問題である。教育同盟自身この問題を通じて国際的エキュメニカル運動と強い繋がりを持ったが、当時キリスト教学校の理事会の多くが宣教師と日本人双方の半々から構成されていたことから判断して、一方にエキュメニズムに賛同する宣教師と他方むしろそれを抑制し、独自の発展を追求する日本人理事の関係は、そのまま教育同盟に持ち込まれ、それが教育同盟の連帯と各学校の独立というその後の体質を形づくったのではないだろうか。

注

（1）ただし、百年史編纂委員会の調べにより、教育同盟第五回、第七回総会英文議事録 *National Christian Educational Association Meeting, October 2. 1915. Osaka. Minutes of the Meeting of National Christian Educational Association.* が同志社大学に所蔵されていることが明らかになった。

（2）キリスト教学校教育同盟『日本キリスト教教育史・思潮篇』創文社、一九九三年、二七一頁。

（3）キリスト教女子教育と国際的エキュメニカル運動の関連は、大森秀子「基督教女子教育会と基督教連合女子大学運動」『百年史紀要』（キリスト教学校教育同盟）創刊号、二〇〇三年を参照のこと。

（4）松川はキリスト教学校教育同盟、前掲書において「キリスト教主義大学建設への努力」という節を設けているが、第二次キリスト教大学設立運動にあたる時期についての言及はない。

（5）文部省『学制百年史・記述編』ぎょうせい、一九七二年、三六三―三六七頁。

（6）寺崎昌男・成田克矢編『学校の歴史第四巻・大学の歴史』第一法規出版、一九七九年、七七―七八頁。

（7）詳しくは、久木幸男「訓令十二号の思想と現実」（一）―（三）『横浜国立大学教育紀要』一三、一四、一六号、一九七三、七四、七六年参照。

（8）インブリーの報告書は、*The Christian Movement in Japan*, 2nd Annual Issue, 1904, p. 21. 彼に関しては、中島耕二・辻直人・大西晴樹共著『長老・改革教会来日宣教師事典』新教出版社、二〇〇三年参照。清水二郎は、訓令十二号に対するキリスト教学校の「助け合い、励まし合い」に教育同盟の起源を求めている。キリスト教学校教育同盟、前掲書、二〇二―二〇三頁。

（9）*The Christian Movement in Japan*, 1st Annual Issue, 1903, p. 16.

（10）*The Christian Movement in Japan*, Fifth Annual Issue, 1907, pp. 196-7.

（11）*The Christian Movement in Japan*, Eleventh Annual Issue, 1913, pp. 260-61.

（12）『護教』に掲載された教育同盟総会の記事からを拾い出すと、「基督教大学に関する調査委員の設置」「基督教大学設置に関して尽力すること」（一九一二年第三回総会）、「基督教大学創立委員の報告」（一九一三年第四回総会）が議題になっていたことが分かる。『護教』第一〇八三号（一九一二・五・三）、第一一四一号（一九一三・六・一三）。また一九一四年一〇月二日に開催された第五回総会英文議事録によれば、午前中に主に基督教大学形成委員会報告。他に委員会報告は包括委員会と待遇委員会報告（実際には報告なし）と会計報告があり、これから始まるキリスト教大学形成委員会の出費を賄うための応分の献金を求められた。午後は、キリスト教大学の報告が取り上げられ、討論され、以下の決議が可決された。すなわち、教育同盟は、第一にキリスト教大学の報告を評価して受け入れた。第二にこの委員会は作成された計画を遂行するための権能をもって継続すべきである。第三に今後形成委員会のためにその出費を用意することが求められる。このように総会の大半がキリスト教大学のために費やされている。*National Christian Educational Association Meeting, October 2. 1915.* Osaka, pp. 1-3.

（13）井深梶之助とその時代刊行委員会『井深梶之助とその時代』第三巻、明治学院、一九七一年、一八九―一九〇頁。

（14）同上、二〇六、二四四―二四九頁。講演会では他に同志社長原田助が大学レヴェルの神学校を笹尾粂太郎東北学院教授が帝国大学に匹敵する医科大学の設立を訴えた。*The Christian Movement in Japan*, Eighth Annual Issue, 1909, pp. 177ff.

（15）同上、二一二頁。

（16）土肥昭夫『日本プロテスタント・キリスト教史』新教出版社、一九八〇年、二四〇―二四三頁。寺崎（進）「日本基督教連盟」同志社大学人文科学研究所編『日本プロテスタント諸教派史の研究』教文館、一九九七年、四七三頁は、日本基督教会同盟の第一回全国基督教協議会がエディンバラ大会の日本継続委員会を組織し、一九二二年の第二回全国基督教協議会が日本基督教連盟を発足させたことを指摘している。他に日本におけるプロテスタントのエキュメニカル運動については、中村敏「日本初期プロテスタンティズムに及ぼした福音同盟会の影響」『キリスト教史学』第三八集、一九八四年参照。

（17） K. S. Latourette 'Ecumenical Bearings of the Missionary Movement and the international Missionary Council' R. Rouse & S. T. Neill（eds.）*A History of the Ecumenical Movement 1517-1948*, London, 1954, pp. 353-64.

（18） *World Missionary Conference, 1910*, vol. iii, 1910, Edinburgh. 準備委員会に送付された日本の教育にかんする報告の分析は、小川智瑞恵「エディンバラ世界宣教会議における教育論——日本の学校教育論を中心として」『キリスト教教育論集』第八号、二〇〇〇年参照。

（19） *Ibid.*, 'Presentation and Discussion of the Report at the Meeting of the Conference, on Friday, 17th June 1910,' pp. 437-38.

（20） C. H. Hopkins, *John R. Mott 1865-1955: a Biography*, Grand Rapid, 1979, pp. 319-21.

（21） *Ibid.*, pp. 313ff.

（22） Latourette, *op. cit.*, p. 359.

（23） Hopkins, op. *cit.*, p. 321, 349.

（24） *Ibid.*, pp. 361-64.　キリスト教学校教育同盟編、前掲書、二七八—二七九頁。

（25） *World Missionary Conference, 1910*, vol. iii, p.159.

（26） *Ibid.*, p. 164

（27） *The Christian Movement in Japan*, Ninth Annual Issue, 1910, pp.69-96.

(28) 石坂正信「基督教主義連合大学の設立に対する青山学院の立場」『青山学院九十年史』一九六五年、三六八頁。
(29)『明治学院百年史』一九七七年、二七二頁。
(30) 秋山繁雄編『井深梶之助書簡集』新教出版社、一九九七年、一七九―一八〇頁。
(31) キリスト教学校教育同盟編、前掲書、二四八頁。
(32) 'Statement concerning the need of a central Christian University in Japan prepared by the Promoting Committee' in *The Christian Movement in Japan*, Eleventh Annual Issue, 1913, pp. 257-66. キリスト教学校教育同盟編、前掲書、二四八、二七九頁。
(33) 前掲『井深梶之助書簡集』一八一頁。
(34)『明治学院百年史』二九三―二九五頁。合同授業に関しては『関東学院百年史』が中居京の後日談を掲載している。「大正三年四月から「大正学院」が開校ということになり、……〔参加を表明していた〕聖学院は直前になって学生を一人も送らず……キリスト教大学の試みも二年ちょっとで、予科終了をもって打ち切りとなり、私は日本バプテスト神学校へ転入となった。私は明治学院卒業生となるかといわれたが、バプテスト神学校卒業生の方をとった」。同、一九八四年、二六三頁。
(35) *The Christian Movement in Japan*, Twelfth Annual Issue, 1914, pp. 257.
(36) 石坂、前掲文書『青山学院九十年史』三六九頁。
(37) 明治学院百年史委員会『明治学院百年史資料集』第二集、一九七五年、一八二―一八三頁。一九一四年一一月四日付井深宛高木書簡は、前掲『井深梶之助書簡集』一八四頁。
(38)『青山学院九十年史』三七〇―七一頁。『明治学院百年史資料集』第二集、一八七頁。
(39)『明治学院百年史』二九五―九六頁。

(40) *The Christian Movement in Japan*, 1917, pp. 210-11.
(41) *Ibid.*, p. 212.
(42) *The Christian Movement in Japan*, 1919, p. 109.
(43) *Ibid.*, p. 109.
(44) 前掲『学制百年史・記述編』四九二―四九三頁。その結果、早稲田の学生数は一九二〇年代に東京帝大を上回るようになり、一九二九年には、日本の四六大学のうち二四が私立大学であり、高等教育を受ける学生の同年齢層に占める割合はヨーロッパ先進諸国のそれを上回るようになった。
(45) 「教育同盟第一二回総会議事録」(一九二二・一一・二一―二二) 一〇、一四頁。
(46) 『基督教連盟』第二二号(一九二五・一二・五)。
(47) 「第四回日本基督教連盟総会報告」(一九二六・一〇・一三―一四) 一六、一七頁。
(48) 田川については、拙稿「第三代総理田川大吉郎――戦時下のキリスト教自由主義」明治学院人物列伝研究会編『明治学院人物列伝』新教出版社、一九九八年所収、遠藤興一『シリーズ福祉に生きる四・田川大吉郎』大空社、一九九八年参照。
(49) 「教育同盟第一七回総会議事録」(一九二八・一〇・一〇) 一六頁。
(50) 『連盟時報』第六一号(一九二九・五・一五)。
(51) 「田川宛デフォレスト書簡」(一九二九・五・一)『田川大吉郎宛英文書簡集』第二巻所収(明治学院資料館所蔵)。
(52) 「モット宛田川書簡」(一九二九・七・一〇) 同上所収。
(53) 「第七回日本基督教連盟総会報告」(一九二九・一一・五―六) 四五頁。
(54) 『連盟時報』第七九号(三〇・一一・一五)。

(55)「第八回日本基督教連盟総会報告」(一九三〇・一二・二一―一二三) 一二三頁。
(56)「教育同盟第一九回総会議事録」(一九三〇・一一・七) 二〇、二五頁。
(57)「シュネーダー宛田川書簡」(日付不詳・邦文)『田川大吉郎宛英文書簡集』第二巻所収。
(58)「第九回日本基督教連盟総会報告」(一九三一・一一・一〇―一二) 三一―三二、三八頁。
(59)『連盟時報』第九一号 (一九三一・一一・一五)。
(60)「教育同盟第二〇回総会議事録」(一九三一・一一・四) 一三、一四頁。
(61) 日本基督教連盟・基督教々育同盟会『日本の基督教々育に就いて』教文館、一九三二年、二二九―二三〇頁。この著作は国際教育調査事業の報告書であり、英文は一九三二年七月ニューヨークにおいて、邦文は七月東京で出版された。
(62)「ポッター宛田川書簡」(一九三二・三・九・邦文)『田川大吉郎宛英文書簡集』第三巻所収。
(63)「教育同盟第二三回総会議事録」(一九三四・一一・一六) 一八、四四頁。
(64)「第十四回日本基督教連盟総会報告」(一九三六・一一・一〇―一一) 三一頁。またこの年青山学院と関東学院、日本神学校と東北学院神学部との合同話が進められているとの報告もなされている。
(65)「教育同盟第二五回総会議事録」(一九三六・一〇・二八) 一八頁。
(66)「第十六回日本基督教連盟総会報告」(一九三八・一一・二) 二六頁。
(67)「第十七回日本基督教連盟総会報告」(一九三九・一一・一―二) 二一頁。
(68) 田川大吉郎『基督教の再生』上海内山書店、一九四四年、一〇八―一一八頁。
(69) C・W・アイグルハート『国際基督教大学創立史――明日の大学へのヴィジョン (一九四五―六三年)』一九九〇年、四四―四五頁。
(70) 中国のキリスト大学設立運動にかんする研究は、渡辺祐子「近代中国における初期連合大学運動」

『紀要』（明治学院大学キリスト教研究所）第三六号、二〇〇一年参照。

* なお、本章作成に当たっては、故・土肥昭夫、榑松かほる、大森秀子の各氏に資料の面で大変お世話になった。記して感謝したい。

第五章

神社参拝とキリスト教学校

はじめに

一五年戦争期、すなわち、一九三一年の満州事変以降、一九四五年の第二次世界大戦における日本の敗戦までのキリスト教学校を語ることは、心痛むことであり、なかなか勇気のいることでもあります。しかしながら、私たちは、一九八五年のドイツ敗戦四〇周年のさいに西ドイツの国会において語られたR・ヴァイツゼッカー大統領の演説「過去に目を閉ざす者は結局のところ現在にも盲目となります。非人間的な行為を心に刻もうとしない者は、またそうした危険に陥りやすい」という言葉を真摯に受け止めなければ、未来を切り開くことはできないのでないかと考えます。私たちのキリスト教学校にとって、一五年戦争期は、自らのアイデンティティの喪失を余儀なくされた非人間的で、厳しい時代でした。

実は、私の勤務する明治学院は、一九九五年の敗戦五〇周年のさいに当時の中山弘正学院長が「明治学院の戦争責任・戦後責任告白」を表明して、先の戦争に協力した明治学院の罪を神と隣接諸国の人々前に告白しました。そのとき私は、法人に設置された二一世紀未来フォーラムの事業委員会のメンバーとして『心に刻む――敗戦五〇年・明治学院の自己検証』という小冊子を同僚らと一緒に編集・刊行し、当時の状況を現在の学生・生徒たちが少しでも理解できるように努めました。今回教育同盟西南地区協議会の大学部会でお話しするのも、キリスト教学校の戦争責任の問題を真剣に考えている学校の要望によるものと伺っています。

そこで今日は、一五年戦争期のキリスト教学校の苦難と罪責を理解するために、当時のキリスト教教育に大きく立ちはだかった神社参拝について詳しく述べていくことにしましょう。

一　国家主義教育と文部省訓令第十二号

開国の際に来日した宣教師の望んだ「信教の自由」についていえば、岩倉遣欧米使節団の決断による「切支丹禁令の高札」の撤去によってキリスト教は一八七三年、事実上、黙許されることになりました。その後、一八八九年に公布された大日本帝国憲法第二八条には、「信教の自由」の項目が設置されますが、「安寧秩序ヲ妨ケス及臣民タルノ義務ニ背カサル限ニ於テ信教ノ自由ヲ有ス」と述べられているだけで、「信教の自由」は政府によっていかようにも制限可能なものでした。

一八九〇年に公布された教育勅語は、国民を天皇主権国家の臣民として儒教道徳によって教育することを国家の基本方針として明文化しました。教育勅語の謄本は、時期は異なれ、すべての学校に下付されました。嘱託教員であった内村鑑三が第一高等中学校の教育勅語の奉読式のさいに、最敬礼をしなかったばかりに学内外から攻撃され、同校から追放されたいわゆる「内村鑑三不敬事件」はその翌年に起こりました。「御真影」といわれた天皇・皇后の肖像写真については、各学校の「申立ニヨリ」下付されることになり、官立学校から公立学校へと進められた下付の「申立」が私立学校に対して制度上認められたのは一九一〇年の事であり、多くのプロテスタント学校には一九三〇年代末期から一九四〇年代初頭にかけて下付されました。天長節などの祝日や新嘗祭などの祭日には、学校に生徒が集められ、「御真影」に対する最敬礼、天皇皇后の万歳奉祝、教育勅語奉読、忠君愛国を鼓舞する演説、唱歌合唱が「国民儀礼」として繰り返されました。キリスト教学校といえども「国民儀礼」が強要されたことには変わりはありません。

国家主義的教育政策の中でも、キリスト教学校に最も深刻な打撃を与えたのは、一八九九年に発令された文部省訓令第十二号でした。この訓令の発令と条約改正による外国人の「内地雑居」は関連があると言われています。キリスト教学校は、プロテスタントだけでも、教育勅語が公布された一八九〇年までに四二校を数え、その後国家主義的な教育政策ゆえにペースは落ちましたが、一八九九年までにさらに六校を加え、四八校がすでに創立されていました。不平等条約の一部改正により外国人の居住や営業が居留地以外の場所でも許される、いわゆる「内地雑居」が同年より始まるというので、キリスト教の学校のより一層の急速な広がりを恐れた政府は、同年公布された中学校令、高等女学校令が適用される正規の中学校、高等女学校に対して、「一般の教育をして宗教の外に独立せしむる」と述べて、宗教教育の実施を禁止し、礼拝などの儀式執行を禁じたのです。もちろん訓令第十二号には、仏教学校もその対象に含まれますが、仏教学校は当時はまだ僧侶養成の学校が多かったものですから、その直接の攻撃目標は、普通教育により拡大機運にあったキリスト教学校でした。

訓令第十二号の発令により、キリスト教学校は重大な岐路に立たされました。すなわち、中学校令による正規の中学であることを止めて各種学校となり、キリスト教教育を存続させるか、あるいは、キリスト教教育を放棄して正規の中学校として存続し、上級学校進学資格や徴兵猶予の特権を維持するかという選択を迫られたのです。中島耕二氏のアメリカ長老教会宣教師W・インブリー研究（『近代日本の外交と宣教師』吉川弘文館、二〇一二年）が明らかにしたことですが、当初、宗教教育禁止条項は、同時に公布された私立学校令に盛り込まれる予定だったのですが、在京の宣教師たちと主だったキリスト学校の指導者たちは一致してアメリカ公使に働きかけ、宗教教育禁止条項を勅令の私立学校令から切り離し、訓令にすることに成功しました。

発令後、青山学院・東洋英和学校・同志社・立教・明治学院・名古屋英和学校の男子キリスト教六校の代表者が結束して「私立学校令発布に関し六私立学校代表者の開書」を発表し、「宗教々育並に宗教的儀式を禁止せり文部省の此の態度は子弟の教育を選定する父兄の自由を検束するものにして帝国憲法の精神に逆戻りする」ことを根拠に、反対を唱えました。その結果、明治学院、青山学院、同志社は中学校令による正規の中学であることを止めて各種学校となり、キリスト教教育を存続させました。立教は、宗教教育を寄宿舎で行い、中学校令による正規の中学を存続させました。これを契機に、東洋英和はキリスト教教育を止め、現在は麻布学園になっています。明治学院の場合、上級学校進学資格や徴兵猶予の特権が剥奪された結果、動揺した生徒の転退学が相次ぎ、一九九〇年三月の普通学部（中学部）の卒業生はわずか三人になってしまいました。

しかしながら、インブリーやアメリカン・ボード宣教師D・C・グリーン、明治学院総理井深梶之助、そして青山学院長本多庸一らが、文部大臣樺山資紀、前総理大臣大隈重信、最高実力者の伊藤博文、現総理大臣山県有朋らに対して粘り強く交渉した結果、各種学校となったキリスト教学校は、上級学校進学資格や徴兵猶予の特権を一九〇三年までに回復しました。

訓令第十二号によって生じた差別待遇は当然キリスト教女子教育にも及びました。キリスト教女学校は高等女学校と名乗ることができないので、女学校、女学院などの名称を使い、高等女学校なみの上級学校進学資格や就職上の資格は、男子の中学が文部省の管轄であったのに対して、個別府県庁の審査に委ねられるようになりました。

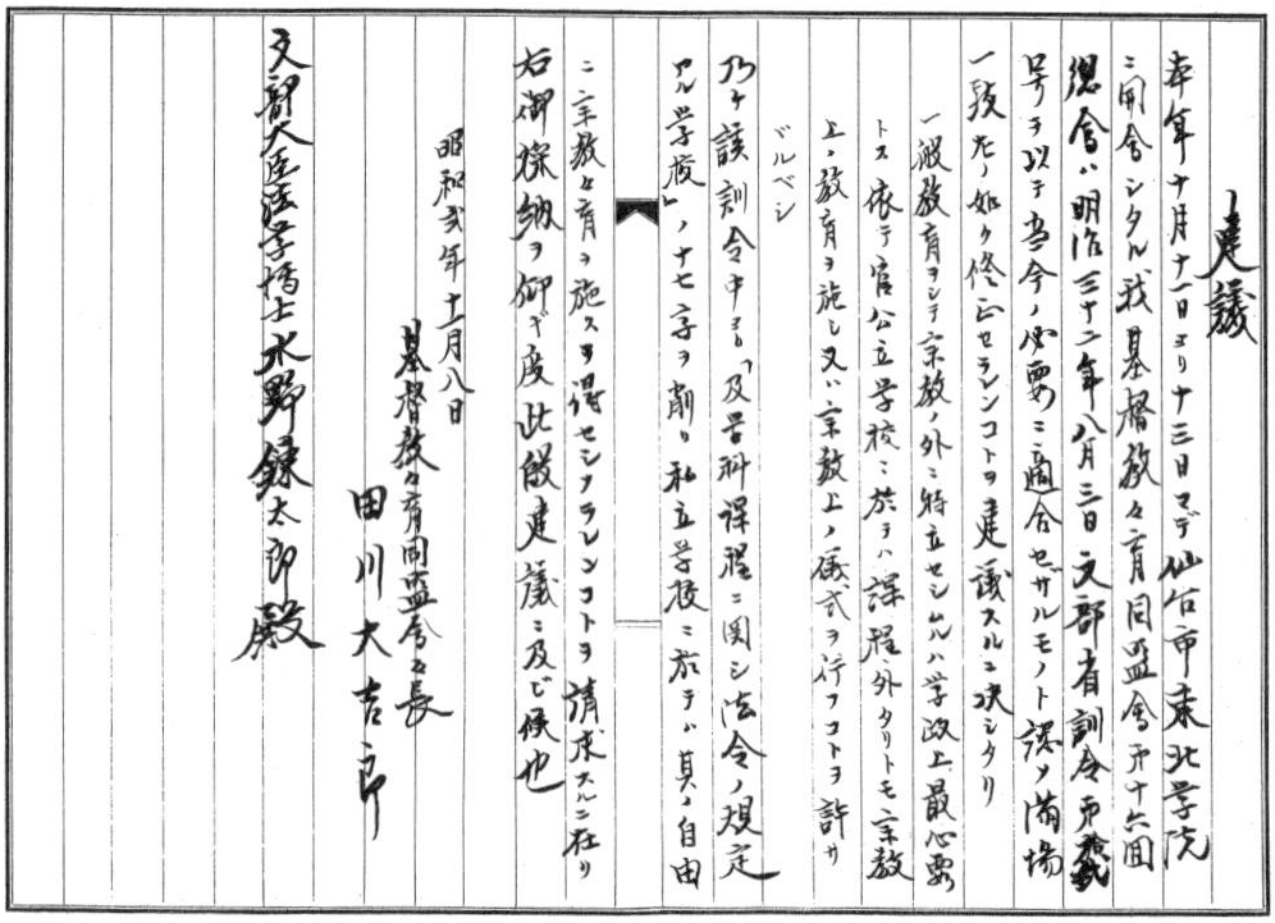

建議

本年十月十一日ヨリ十三日マデ仙台市東北学院ニ開会シタル我基督教々育同盟会第十六回総会ハ明治三十二年八月三日文部省訓令第十二号ヲ以テ当今ノ必要ニ適合セザルモノト認メ満場一致左ノ如ク修正セラレンコトヲ建議スルニ決シタリ

一般教育ヲシテ宗教ノ外ニ特立セシムルハ学政上最必要トス依テ官公立学校ニ於テハ課程外タリトモ宗教上ノ教育ヲ施シ又ハ宗教上ノ儀式ヲ行フコトヲ許サザルベシ

乃チ該訓令中ヨリ「及学科課程ニ関シ法令ノ規定アル学校ニ」ノ十七字ヲ削リ私立学校ニ於テハ其ノ自由ニ宗教々育ヲ施スヲ得セシメラレンコトヲ請求スルニ在リ

右御採納ヲ仰ギ度此段建議ニ及ビ候也

昭和弐年十一月八日

基督教々育同盟会々長

田川大吉郎

文部大臣法学博士水野錬太郎殿

文部省訓令第十二号撤廃のための第16回総会決議に基づく建議
（出典：『キリスト教学校教育同盟百年史』）

一九一〇年に基督教教育同盟会が結成されますが、そのときの主要な結集軸に、キリスト教大学運動とならんで、訓令第十二号の撤廃が挙げられます。教育同盟は、田川大吉郎理事長の時代ですが、一九二七年、一九三〇年、一九三一年の総会において、文部省訓令第十二号に対する撤廃、もしくは字句の修正の建議を繰り返し文部省に対して行いました。

二　教育同盟と神社参拝問題

学校教育において神社参拝が問題化したのは、一五年戦争が近づいた一九三〇年頃からです。その頃から、キリスト者がその信仰ゆえに公立学校の神社参拝を拒否した場合に、厳しい処分が頻発します。一九三〇年、長崎県の小学校教員が神社への参拝を拒否したために免職となった事例や滋賀県の中学校生徒が神社参拝拒否で退学となった事例、そして一九三三年には、美濃ミッション事件が起こりました。

この事件は、美濃ミッションの子弟である岐阜県の小学生たちが伊勢神宮参拝を行程に含めた修学旅行を拒否し、停学処分となった事件です。

一九三〇年五月、プロテスタントの諸教派・諸団体の連名でもって基督教連盟は「神社問題に関する進言」を発表しました。教育同盟も名前を連ねていますが、「信教の自由」を保障することを求め、不思議なことに当局に、神社が宗教であるか否かを尋ねています（『日本基督教団資料集』第一巻、一七七―一七九頁を現代語訳）。

一、神社が宗教であるか否かを明白にすること
二、神社が宗教でないならば宗教的行為を廃止すること
三、神社が宗教であるとするならば宗教行為を国民に強制しないこと
四、国民の良心の自由を重んじ、神社参拝問題や神棚問題が起こらないようにすること
五、帝国憲法の保障する信教の自由の本義を明らかにすること

植民地台湾のキリスト教学校に台南市の長老教中学という学校がありました。現在の長栄高級中学・長栄大学の前身にあたります。イングランド長老教会宣教師によって建てられた学校ですが、一九二九年に、日本の植民地総督府からバンド校長は、正規の私立中学としての認定条件として、神社参拝を求められました。これはかなり異例な要求だったようです。というのは、当時長老教中学は、現地語である台湾語を重視したキリスト教教育のために、総督府より高等教育機関に進学できる中学としては認定されず、大学や専門学校を目指す者は、明治学院や同志社の中学に編入して、上級学校進学資格を獲得

する以外に道はなかったからです。明治学院中学は、一九二〇年代から三〇年代にかけて台湾から毎年数名から十数名の学生を受け入れていますが、その多くは、長老教中学からの編入生でした。

その長老教中学が、一九三〇年一一月の総会から教育同盟に加入し、「神社参拝問題とキリスト教主義学校」という議題を提出し、キリスト教学校はいかなる態度をとるべきかを問題にしたのです。教育同盟の田川理事長は、神社参拝に関する意見書をすでに文部省に提出したことを説明し、その際、文部省が「二、三年間内には容易に片付くまじき由をほのめかし」たことを伝え、総会は次のように決議しました。

「神社参拝ニ関スル信仰圧迫ノ問題ノ今尚絶エザルハ吾人ノ遺憾トスル所ナリ。政府ハ速カニ神社ノ本質及ビ参拝ノ内容ヲ更ニ明確ニシ、以テ信仰ノ自由ノ大義ヲイヨイヨ確実ニ保障セラレムコトヲ希望ス」(『キリスト教学校教育同盟百年史　資料編』一四四頁)。

私は、先ほどの基督教連盟の「進言」といい、この総会の決議といい、一九三〇年の教育同盟は神社参拝問題に対して、一貫して責任回避のロジックを用いていたのではないかと考えています。すなわち、それは、政府の主張する「神社非宗教論」に対して、キリスト学校の側からその適否については一切言及しないことによって、自分たちに及ぶ災いを最小限にするというロジックです。このロジックでは、二つの展開が可能です。第一は、政府が神社は宗教であると判断を下した場合、曲がりなりにも憲法で「信教の自由」が保障されているので、神社参拝をキリスト教学校に強要するならば、横暴なのは政府だと言えます。第二は、たとえ神社は宗教であるとしても、政府が神社は宗教でないとの判断を明確に下してくれれば、キリスト教学校は、信仰に反する判断を自分で下す責任を回避できるので、神社参拝を行う大義名分を手にすることができる、というものです。建前としては第一の展開はあり得ても、実際には、起こりそうもないので、キリスト教学校、いや、プロテスタントキリスト教界にとって、このような責任回避のロジックの本音は、第二の展開にあったと言えるのではないでしょうか。

明治学院高等商業部明治神宮集団参拝（出典：『心に刻む――敗戦50年・明治学院の自己検証』）

ところが、一九三一年九月、関東軍参謀は満鉄線路を爆破して総攻撃を指令し、満州事変が勃発、一九三二年五月に上智大学靖国神社不参拝問題が起こるや、教育同盟の態度は一変しました。「神社非宗教論」を主張する文部省の見解を受け入れたのです。一九三二年一〇月二七日に開かれた教育同盟の京浜理事会で、上智大学の靖国神社不参拝問題について協議されました。この件について、文部省宗教局長の下村寿一が「学生の神社参拝は全く国民道徳の目的達成手段と解する」との見解を提示したことが報告され、「本会としては、同省の方針に異議なし、即神社問題の一特殊問題としての学生の神社問題に就いては、本会は文部省の方針を承認する事を申し合わす」と述べているのです。その後、長老教中学に対しても教育同盟は上記の京浜理事会での決定事項を公式見解として回答したのです。長老教中学は一九三四年に神社参拝の拒否をめぐって排撃を受けたことは、後でお話しします。

一九三三年の総会において、教育同盟は懇談会を開き、「神社参拝は教育行事であって宗教的礼拝ではない。我等が真に拝むべき一つの神をしっかり把握していれば、神社に参拝してもそれは祀られている人達への尊敬であって、その間に何の混同も生じる筈がない」という意見でまとまりました。一九三六年の総会では、北星女学校より「基督主義学校にて神社参拝を積極的に行うものありや」が議題として提出されましたが、「質問の程度なるを以て特に議事として上程せざることとす」と判断し協議されませんでした。男子中等部会においても「既に解決済の問題」としてやはり協議には至りませんでした。

こうして教育同盟は、神社参拝問題について、自ら判断する責任を最後まで回避しました。そうすることによって「神社参拝は国民道徳の一手段である」という文部省の方針を確認し合い、お互いに身を守るための組織となったのです。

三　カトリック学校と神社参拝

カトリック学校は、教育同盟に結集したプロテスタント学校よりも比較的遅れて創設されました。女子校ですが、幼きイエス会による雙葉が一八七二年、男子校では、マリア会による暁星学校が一八八八年、長崎の海星学校が一八九二年、そしてイエズス会による上智大学が一九一三年に設立されています。その歴史が浅いことと、ローマ教皇庁や外国人の校長や学長の指導の下で、神社参拝に関してカトリック学校は、プロテスタント学校よりはるかに大きな痛手を蒙りました。先にもお話したように、それがまた、プロテスタント学校の政治的態度を決める判断材料にもなりました。なおカトリック学校については、おもに佐々木慶照氏の『日本カトリック学校のあゆみ』（聖母の騎士社、二〇一〇年）を参照しながら述べていくことにします。

一九二九年は神宮式年遷宮の年であり、国全体に神道色が横溢していました。伊勢神宮遷宮祭の当日の一〇月二日、全国の学校は祝祭日に準じて授業を休みとし、伊勢神宮遥拝式を行いました。カトリック学校には、教皇庁使節と東京大司教の教書によって、儀式の挙行や参列を取りやめるようにという指導があり、カトリック学校は遥拝式を行わないで当日を休校としました。一八九九年の文部省訓令第十二号によって宗教儀式が禁じられているということを根拠とした対応でした。そのさい、長崎海星中学では、休日とすることの了承を求めるために、ダイバー校長の代理として松下神父が県庁に赴きました。一週間後に、「国家的行事を勝手に宗教行事として解釈してはいけない。今後は国家的行事には必ず参加せよ」と忠告がありました。問題は、この件を知った配属将校や在郷軍人会、地元有力者たちでした。彼らは騒ぎ出し、新聞は海星中学校を批判する報道を行いました。一〇月二七日、県庁から「海星は今後伊勢神宮に対する遥拝を行うかどうか、もし行わないならば文部省の意向としては中学校としての認可を取り消さなければならない」と言ってきました。ダイバー校長は「宗教行事は学校で行わないという原則は守らねばならないが、神宮を日本国皇室の祖廟として尊崇するという意味なら、もちろん遥拝はする」と答え、一段落しました。

一九三二年に神社参拝の状況を一変させた上智大学の「事件」が起こります。これは、五月五日、満州事変、その後の上海事変で戦没した兵士を合祀するために挙行された靖国神社の大祭に、配属将校に引率された大学予科生のうちの四人が良心上の理由で参拝を拒んだことに端を発しています。配属将校は、ホフマン学長に対し、学生の処分を要求しますが、学長は、学生の行為は良心上の宗教的理由に基づくものであるから何もできないと拒みました。それに対して、六月一四日、文部省は上智大学に対して配属将校の引き揚げを通告してきたのです。配属将校が引き揚げた場合、学生は徴兵猶予の権利と幹部候補生の特権を失うことになりますので、男子校の経営にとっては致命的な損傷となります。そもそも配属将校の配置は、一九二五年に治安維持法が可決されたさいに出された勅令第百三十五号「陸軍現役将校配属令」に由来します。その目的は、国民資質の向上と国防能力増進のために軍事教練を施すことにありました。文部省は訓令第六号で「配属将校は当該校長の監督の下に教練の監督に当たる」と位置づけましたが、配属将校は学校内において学生生徒の風紀や躾まで指導するようになり、陸軍省が学校教育の細部まで干渉するようになります。

「事件」は、『報知新聞』で報道されるところとなり、一〇月一三日、夜八時のラジオ放送は「上智大学、暁星中学、海星中学は国祭日に国旗を掲揚しない。彼らはご真影を有していない。……カトリック教育は国家主義に反する」とまで伝えました。一二月七日、陸軍省は上智大学と暁星中学校から配属将校を引き揚げることを決定し、シャンポン東京大司教は解決に苦慮しました。大司教の文部省への質問状に対して、文部省から以下のような見解が寄せられました。

「各学校の学徒に要求される神社参拝は教育プログラムになっているが、彼らに命じられる最敬礼の目的は、愛国心と忠義の表明だけを意味する」。

大司教はプロテスタント同様「神社非宗教論」に乗ずる形で、一時的な解決を図ろうとしたのです。ところが、陸軍大臣がラジオ放送を通じて上智大学、暁星中学からの配属将校引き揚げ措置を撤回したのは、それから、一年近く経った一九三三年一一月一三日のことでした。その間、配属将校の不在が事実化することで上智大学では中途退学する学生が続出しました。学校関係者は、学生に神社参拝を行わせたばかりでなく、修身科の担当者をホフマン学長から井上哲次郎に変更するなどの措置をとりました。井上哲次郎は、「内村鑑三不敬事件」のさいに、キリスト教攻撃の急先鋒であった哲学者です。ホフマン学長は配属将校歓迎式で、配属将校の来任によって上智大学が「復活」したと述べ、「今上天皇陛下の万歳を三唱し」ました。翌年、ホフマン学長が靖国神社を参拝しことも付け加えなければなりません。

カトリック学校最大の悲劇は、カトリック排撃によって廃校に追い込まれた大島高等女学校の場合です。この学校は、フランシスコ会によって一九二三年に奄美大島に設立されました。公立の中等教育機関がない島の近代化を願い、子弟が鹿児島で学ばなくて済むようにという島民の熱心な誘致の下に設立されました。ところが、一九三三年九月一六日大島郡名瀬町長は、外務大臣宛てに「公教立大島高等女学校認可取消処分に関する意見書」を提出しました。理由は「文部省令の指示せる女子教育方針に背反せる事実少なからず」ということでした。一九三三年九月と言えば、同年三月に日本が国際連盟を脱退した後のことです。この文書には「背反せる事実」が列挙されていますが、この学校をあえて「認可取消処分」する根拠としては不十分なものばかりです。むしろ、一〇月五日付の『東京日日新聞』の方が、事件の所在をはっきりと伝えています。

「何分にも同地方は最も重要なる我要塞地帯とて常に女学校の存在を中心に種々なる噂の種をまき当局の頭を悩まさせてゐたものである。（中略）町民は此程から町民大会を開いて廃校を学校当局に迫ると共に名瀬町長と町会議員の一行は決議文を携えて上京し、陸軍省を始め文部海軍内務関係省庁を訪問する予定」。

要するに、大島高等女学校は要塞内に位置していたがために、廃校に追いつめられたのです。文部省の許可は取り消しとされ、一九三四年三月末日限りで大島高等女学校は廃校となりました。

神社参拝問題に端を発するカトリック学校排撃運動は、軍事基地をめぐる機密問題へと発展し、カトリック学校を廃校に追い込みました。カトリック学校排撃運動は、かつて丸山眞男が「急進ファシズムの全盛期」と性格づけた時期とほぼ重なります。すなわち、一九三一年の満州事変、一九三二年の五・一五事件、一九三三年の国際連盟脱退宣言といった事件を列挙するまでもなく、日本が国際的に孤立し、軍部の台頭した時期にこそ、修道会という国際的ネットワークをもっていたカトリック学校が排撃され、その教育理念や管理運営体制の大幅な変更を余儀なくされ、さらには廃校へと追いやられていったのです。

四　台湾・朝鮮のキリスト教学校と神社参拝

台湾にかんするキリスト教学校の研究は、これまであまり進展していませんでした。中枢と周辺の関連を問う近年の帝国史研究の一環として、教育史家駒込武氏は台湾のキリスト教学校の神社参拝問題を研究し、本国と植民地のキリスト教学校の間には、中心から周辺へ、さらに周辺から中心に向かう連鎖構造があることを発見しました（「一九三〇年代台湾・朝鮮・内地における神社参拝問題――キリスト教系学校の変質・解体をめぐる連鎖構造」『立教学院史研究』第三号、二〇〇五年）。

先ほど、長老教中学は台湾総督府から、各種学校から正規の中学に認可されるために神社参拝が求められている話をしました。その後小康状態を保っていたのですが、一九三四年二月に長老教中学の神社不参拝は、社会的「事件」になりました。台南市在住の日本人民間人が排撃運動を組織し、台北市でも在郷軍人有志が「神社参拝を忌避し国家の尊厳を冒瀆する長老協中学」を「撲滅せよ」との電文を文部・拓務両大臣に送付したのです。一九三四年五月、長老教中学は、長老教中学に神社参拝を求める在留邦人の圧力によりとうとう神社参拝を受け入れざるを得ませんでした。その際、台湾語による授業は廃止され、台湾人主体の後援会の解散を余儀なくされ、さらには宣教師であるイギリス人校長から元海軍軍人である日本人校長へと交代させられました。台湾でのキリスト教学校「撲滅運動」は同年、カナダ長老教会が経営する淡水中学、同女学院にも及びました。

朝鮮におけるキリスト教学校の神社参拝問題については、李省展《イソンジョン》氏の『アメリカ人宣教師と朝鮮の近代――ミッションスクールの生成と植民地下の葛藤』（社会評論社、二〇〇六年）で詳しく論じられています。朝鮮では、神社参拝問題は台湾よりも遅れて「事件」になりました。京城よりも平壌の方が深刻でした。平壌におけるキリスト教学校排撃運動のきっかけは、一九三二年九月の「満州出征戦没将士」の慰霊祭兼招魂祭にキリスト教学校が欠席したことに始まります。朝鮮においては一九一九年の

崇実大学校の白馬の像（出典：『心に刻む――敗戦50年・明治学院の自己検証』）

三・一独立運動以降総督府のいわゆる「文化政治」が実行されていたせいか、キリスト教学校は、一九二五年の朝鮮神宮鎮座祭でも不参列を黙認されていました。キリスト教が浸透し、一〇万余名の朝鮮人生徒が在籍しているキリスト教学校は、教育機関が未整備な朝鮮において「巨大な存在」であり、総督府は一九三二年九月以降も一九三五年まで、慰霊祭などの式典は宗教色を一応は排除した形で行い、キリスト教学校に神社参拝を求めることはしませんでした。しかしながら、総督府の「軟弱」な態度にあきたらない在郷軍人たちの力に押されて、その前職が台湾総督府文教局長であり、一九三五年の四月から平安南道知事に就任した安武直夫は、ついに神社参拝を強要します。一九三五年一一月一四日、平安南道の公私立中等学校校長会議に先立って知事は、校長たちに平壌神社の参拝を求めたのです。そのため、崇実《スンシル》実業学校マッキューン校長ら三人は神社参拝を拒否し、安武知事によって翌年一月マッキューン校長は罷免されたのです。この時以降、神社不参拝という原則を守るために、崇実実業学校を経営していたアメリカ長老教会（北長老教会）に加え、アメリカ南長老教会を背景とする学校も教育事業からの撤退を決めました。その結果、一〇校のキリスト教学校が廃校となったのです。

崇実実業学校は現在ソウルにあって崇実大学校になっています。同じアメリカ長老教会を母体とする明治学院大学と崇実大学は姉妹校として国際交流協定を締結しており、教員と学生の間に行き来のある関係です。敗戦五〇周年の際に『心に刻む』という小冊子を出版する折に取材で同校を訪問し、金学長とお会いしました。その時金学長は、私をキャンパスに置かれている寸断された白馬の像に案内し、その寸断が何を意味しているかと質問してきました。私は同校が神社参拝拒否によって廃校に追い込まれた歴史を知っていましたので、その旨を伝えると、「そうです。この寸断は、平壌で一九三八年に廃校し、朝鮮戦争後の一九五四年にソウルで再建されるまでの一六年間のブランクを意味しているのです」と話してくれました。朝鮮における神社参拝拒否の爪痕を改めて垣間見た思いがしました。

私はこれまで、上智大学の神社参拝拒否が最初に「事件」とされたのは、上智のイエズス会がドイツ系の修道会だったので、日独伊三国同盟の一角のために、英米系の外国ミッションを母体とするプロテスタント学校よりも、外交上の問題を比較的クリアできると政府が読んだからではないかなどと勝手に思い込んでいました。しかし、帝国の中心と周辺の間には、一九三二年の上智大学神社参拝拒否事件、一九三四年の台湾における長老教中学の神社参拝の受け入れ、一九三五年の朝鮮における神社参拝拒否による崇実実業学校ほか一〇校の廃校事件が時系列に並ぶように、連鎖構造があることに気づかざるを得ないのです。すなわち、台湾であれ、朝鮮であれ、植民地総督府から神社参拝問題への問い合わせに対して、文部省宗教局は必ず一九三二年の上智大学の事件に言及したうえで、カトリック教会に対する文部次官通牒を掲載し、神社非宗教論に乗じてシャンポン東京大司教が各校に神社参拝すべき旨を各校に通知した報告を添付しているのです。駒込氏の表現によれば、「内地のカトリック教会の妥協が本来の文脈を離れて台湾・朝鮮でも「例規」として規範的意味をもつ」ようになっていたのです。

既にお話ししたように、団結力の比較的強かった内地のプロテスタント学校の組織である教育同盟は一貫して、自ら判断を下さないという責任回避のロジックを用い、結果的に神社参拝を受け入れました。本国の弱い環であるカトリック学校に対する処理方法が先行事例となり、植民地のキリスト教学校の神社参拝拒否事件が処理されたのです。そして、今度は内地のプロテスタント学校に対して、日中全面戦争勃発の一九三七年以降に神社参拝が強力に要請されるようになるのです。内地のプロテスタント学校が神社参拝を受け入れた「政治的な意味」をアメリカ長老教会宣教師ソルトはこう述べています。

「政府の命令に従うことへの拒絶は、どんなものであっても、宗教的良心による躊躇として受け止められるのではなく、政治的な反日感情によるものと解釈されるであろう」。

五　田川大吉郎の政教分離思想

神社参拝をめぐるプロテスタント学校の態度決定を指導したのは、田川大吉郎（一八六九―一九四七）でした。田川は、東京専門学校邦語政治科卒業後、ジャーナリスト、衆議院議員、東京市助役などを経験し、植村正久が牧会する日本基督教会富士見町教会の会員でした。一九一七年には『文明評論』に掲載した政治評論が筆禍事件に問われて禁固刑を受け、一九二一年には小国主義を掲げて石橋湛山らと軍備縮小同志会を結成するなど、「大正デモクラシー」期に活躍しました。一九二一年に明治学院理事長、一九二五年には同学院長となり、神社参拝拒否が「事件」となった時期を含む一九二七年から一九三七年までの一〇年間教育同盟の理事長でした。他方で、田川はプロテスタント教会の連合体である基督教連盟の教育局長でもありました。

この時期田川は、文部省訓令第十二号撤回請願を教育同盟に働きかける一方、神社参拝に対しては、先ほどお話ししましたように、自ら判断を下さないという責任回避のロジックを用い、結果的に神社参拝を受け入れたのです。一九三三年一月に開催された日本基督教連盟総会における「神社問題に関する報告」でも、調査委員会の委員長である田川はこう述べています。

「文部省は教育上之を全く宗教圏外に置いて取り扱わるる事を幾度となく声明せられ居るを以て基督教主義学校等より疑問を以て問い合わさるる場合学校としてとしては聯盟教育部委員の方針即ち文部省の解釈に同意すべきものと信ずる旨を回答し居れり」(教団資料集第一巻一七四頁)。

田川については、遠藤興一氏の『田川大吉郎とその時代』(新教出版社、二〇〇四年)が一番踏み込んだ研究をしています。田川の神社参拝論を知るためには、数多ある著作の中でも、田川が社長をしていた教文館から出版した『国家と宗教』(一九三八年)が参考になります。出版当時、林銑十郎内閣は祭政一致を唱え、「国体の本義」を発表しました。国体と宗教を結びつけ、政府が神社神道の国教化をいっそう推進しようとしていたとき、田川は時事的な問題書として『国家と宗教』を公刊したのです。「神社非宗教論」に乗じて、神社参拝を受け入れた田川にとって、国家と宗教の対立は存在しません

田川大吉郎『国家と宗教』（教文館，1938年）の扉

でした。

「宗教の信仰は各自の自由である。神道は宗教の外なる国家の礼典である。一切の国家儀式は、国体に従って挙行されて居る。一、ここに神道の位置がある、二、ここに日本の神道の位地がある、三、そして、それは世界のいずれの国の宗教制度の内容に較べても遜色のない、近代的な、能く考慮され、能く斟酌された制度方針である」（田川大吉郎『国家と宗教』一〇六頁）。

ここで言う「国家」とは、天皇を主権者とし、神道儀式によって神聖化された「国体」のことを指しています。それゆえ、田川のいう「国家」とは、田川自身「近代的」と称していますが、世俗的な利害調整のための、そして宗教的には価値中立的な「近代的世俗的国家」とは、似て非なるものなのです。この国体論の枠の中で、田川は神道を「宗教の外なる国家の礼典」と定義し、神社参拝を受け入れたのです。田川にとって国体論に基づく国家神道は、宗教的行為ではありませんでした。

林内閣は「国体の本義」として、よりいっそうの神道国教化を唱えました。すなわち、「祭政一致」を持ち出してきて、「国家の神道」を「神道の国家」にしたいと言い出したのです。田川は、この神道国教化論に対して二つの理由から反対しました。

第一は、帝国憲法第二十八条を根拠とした、立憲主義です。田川は、神社を非宗教化し、神道を非国教化する以外に、憲法条文の「信教の自由」の項に信頼を置いていました。

「ここに謂う所の信教が、幾多の宗教を意味するものであって、一定の宗教を意味しないものであることは極めて明瞭である。既に一定の宗教と限らず、そして、その信仰が自由である。そこに特定の国教のないこと、宗教としての特定の国教が、将来にかけても、必ず無かるべき筈のものであることは、固より論ぜずして已に明瞭な訳である。私は、憲法のこの正文の存する限り、日本には国立の宗教は断じて起こらない、決してそれを起さ〔な——引用者挿入〕い国家の方針であることを確信いたして居る」(『国家と宗教』一〇一—一〇二頁)。

第二は、神道国教化が植民地をもつ帝国として自らの発展の自由を妨げるというものです。

「昔の日本、日本の古制には曾て国教というものはなかった。……自ら国教を設けて、自ら発展の自由を制限してはならないと私は信じる。今日は、台湾人民も、朝鮮人民も、既に深く我が国の廣澤に浴して居るがしかしながら、宗教的にはいろいろの不安を感じつつある。無論彼らの在来の宗教には迷信があるであろう。けれども、治安に妨害なき限り、彼らの自由に一任することが、治道の要を得たものである。……彼らの信仰は、彼の信仰するままに尊重すべく、その理を推して、私は、国教の設定を非とする」(『国家と宗教』一五六—一五八頁)。

宗教の自由に関するこれら二つの反対理由を読む限り、私たちの憲法感覚とあまり変わるところが無いのには驚かされます。問題は、このような自由な宗教観を持ち合わせながらも、本国のキリスト教学校に神社参拝を受け入れさせ、植民地のキリスト教学校には、神社参拝を強制したのは何故かという点です。

田川をめぐっては、田川のように組織の指導者として両義性をもった人物の評価はむずかしいと言われます。戦時中の戦争責任問題でよく言われることですが、田川の行動は、「むしろ、当時の国家権力の性格を正確に見定めて、いたずらに弾圧の犠牲者をふやさぬよう、配慮することにあったかも知れない」のです。私は、そういった部分は大いにあっただろうと思います。

しかし、プロテスタント学校の意思決定が余りにも早く、神社参拝問題に関しては何らの自己主張をしていない点を勘案すると、遠藤興一氏が田川に与えた「機会的便宜主義」という表現が一番的を射ているような気がします。「必ずしも時局に迎合し、全面的にコミットしたわけではない。さりとて批判的視点を貫きとおしたわけでもない」(『田川大吉郎とその時代』二四三頁)。すなわち、一五年戦争の間、田川の思想の中で、神社参拝を是認する「神社非宗教論」と「信教の自由の擁護論」とが論理的に必ずしも結びつくことなく並存していたのです。

むすび

一九四五年八月一五日、日本の敗戦をもって一五年戦争は終結しました。キリスト教学校を長きに渡って苦しめてきた文部省訓令第十二号は、同年一〇月一五日文部省訓令第八号「私立学校ニ於テハ……宗教上ノ教育ヲ施シ又ハ宗教上ノ儀式ヲ行フコトヲ得ル」によって消滅し、キリスト教学校は、正規の学校として宗教教育を施すことが許されるようになりました。また一二月一五日には、連合国軍最高司令官総司令部（GHQ）は、政府に対して神道指令、すなわち、覚書「国家神道、神社神道ニ対スル政府ノ保証、支援、保全、監督並ニ弘布ノ廃止ニ関スル件」を発令し、国家神道により強化されてきた絶対的で不可侵な国体観念を解体し、神道と国家の分離を目指しました。神道指令の第一条は、「国家指定の宗教乃至祭式に対する信仰或いは信仰告白の（直接的或るは間接的）強制より日本国民を解放する」ために、「神道の教理並びに信仰を歪曲して日本国民を欺き侵略戦争へ誘導するために意図された軍国主義並びに過激なる国家主義的宣伝に利用するが如きのこと再び起ることを防止する」と、その目的を述べています。

一九四六年一一月には日本国憲法が公布され、神社参拝の強制等の歴史を踏まえて、国民の信教の自由を保障する第二〇条の第一項に「いかなる宗教団体も、国から特権を受け、又は政治上の権力を行使してはならない」ことが示されました。さらに同条第三項の「国およびその機関は、宗教教育その他いかなる宗教的活動もしてはならない」という規定、そして第八九条の宗教団体及び組織の活動に対する公金の使用と公的な便宜供与とを禁じる条文として明文化されました。

私たちは、キリスト教学校の神社参拝の歴史を振り返る時、これらの規定が、先人たちの文部省訓令第十二号に対する粘り強い抵抗や、神社参拝の拒否によるキリスト教学校撲滅運動やその結果としての廃校によってもたらされたことを深く心に刻みつけなければなりません。それと同時に、一九四六年一〇月の第三三回教育同盟総会で決議された「新日本建設に対する基督教教育の使命」が「我々は神と人の前に拭うべからざる罪過を犯した」と述べているように、特定宗教と国家との癒着や「信教の自由」を制約する企てに対して、自ら判断する責任を回避することなく、日本におけるキリスト教教育の未来を切り開いていきたいものです。

第六章　「キリスト教学校教育論」論争史

はじめに

「キリスト教学校教育論」論争史をお話しする前に、いくつか用語上の説明をしておかなければなりません。まず「キリスト教学校教育」という言葉ですが、歴史的に見るならば、戦後になって使われるようになった言葉です。戦前は、キリスト教学校における教育は、わざわざ「学校」という言葉を差し挟まなくとも「キリスト教教育」と称されていました。高崎毅氏は、この点を「キリスト教教育」という用語には日本独自の伝統があり、これは元来キリスト教学校における教育の全体、すなわち、キリスト教にもとづく一般教育を指していたと述べています（『基督教教育』新教出版社、一九五七年、二頁）。これは、戦前の教育において、キリスト教学校の教育が私学としていかに特色に富んでいたかを暗黙の裡に物語っています。実際、プロテスタントのキリスト教学校が加盟するキリスト教学校教育同盟（以下、教育同盟と略記します）という組織がありますが、一九一〇年の発足当初は「基督教教育同盟会」と称していました。戦後の一九五六年になって、教会や家庭のキリスト教教育と区別して、学校における「キリスト教教育」であることを特定するために「基督教学校教育同盟」という名称に変更された次第です。

それから「キリスト教教育」「キリスト教学校」という言葉以外に、「キリスト教主義教育」「キリスト教主義学校」という言葉を聞いたことがあると思います。これらの言葉も用語上の混乱を招いている一因なのですが、「キリスト教教育」「キリスト教学校」といった場合、それらの言葉が宗教教育だけを意味するように狭く受け取られる危険性を含んでいるために、後述するように「キリスト教主義教育」

「キリスト教主義学校」という言葉が用いられてきたし、現在でも、いくつかのキリスト教学校において用いられています。実際、教育同盟は、一九五一年の理事会において、われわれの学校を「キリスト教主義学校」と呼び、またわれわれの教育は「キリスト教教育」と呼びたいとの申し合わせをしています。しかし、一九六〇年代から、「キリスト教教育」「キリスト教学校」と呼ぶ事例が多くなりました。「キリスト教主義」と表現すると、キリスト教がイデオロギーとされたり、希薄にされたり、曖昧にされたりすることを危惧し、「キリスト教学校」と呼ぶことで、一般教育におけるキリスト教の役割を明確化して、キリスト教が死語になる世俗化の傾向に歯止めをかけようとの意図からです。本稿では、「キリスト教教育」「キリスト教学校」という言葉を用いながら、「キリスト教学校教育論」論争史を解き明かしていくことにしましょう。

一　明治・大正期

長らく続いた鎖国と禁教の時代は終わりを告げ、明治維新後、一八七三（明治六）年に「切支丹禁令の高札」が撤去され、キリスト教は事実上政府によって黙許されるようになり、宣教師の私塾は学校へと発展してきました。キリスト教教育発展の動きの中でも、キリスト教教育の理念を最も明確に打ち出したのが同志社の創設者である新島襄でした。新島の晩年になりますが、大学設立運動のさい、一八八八（明治二一）年に発起人として表明した「同志社大学設立の趣旨」は、キリスト教教育の理念を以下のように述べています。

「斯くの如くにして同志社ハ設立したり、然れども其目的とする所ハ、独り普通の英学を教授するのみならず、其徳性を涵養し、其品行を高尚ならしめ、其精神を正大ならしめんことを勉め、独り技芸才能ある人物を教育するに止まらず、所謂る良心を手腕に運用するの人物を出さん事を勉めたりき。而して斯くの如き教育ハ、決して一方に偏したる智育にて達し得可き者に非す。又た既に人心を支配するの能力を失ふたる儒教主義の能くす可き所に非す。唯だ上帝を信じ、真理を愛し、人情を敦くする基督教主義の道徳に存することを信じ、基督教主義を以て徳育の基本と為せり」(『新島襄全集』第一巻、同朋舎、一九八三年、一三二頁)。

当時、大学は、政府によって設立された帝国大学(東京帝国大学)の一校だけでした。一八八六(明治一九)年に公布された帝国大学令は、「帝国大学ハ国家ノ須要ニ応ズル学術技芸ヲ教授シ及其蘊奥ヲ考究スルヲ以テ目的トス」(第一条)と謳っています。それに対して、新島が意図する大学は、教育の目的を国家の必要に求めるのではなく、知育に偏るのでもなく、キリスト教の神である「上帝」を信じ、キリスト教に基づく徳育に求めることを明確に打ち出しました。その著『新島襄』(ミネルヴァ書房、二〇〇五年)において、太田雄三氏は、明治二〇年代の欧化運動に対する反動の中で、クリスチャンである新島がキリスト教教育を打ち出すことの困難さに直面していた状況を説明し、この部分は、クリスチャンではないが、新島門下である徳富蘇峰の筆によるのではないかと推測しています。しかし、「同志社大学設立の趣意」は、キリスト教教育の必要性を雄弁に物語る文書として位置づけることができます。

欧化運動に対する反動の中で、一八九〇(明治二三)年に教育勅語は公布されました。国家の基本方針として、天皇主権国家の臣民である国民を儒教道徳によって教育することが明文化されたのです。教育勅語の謄本は、時期こそ異なれ、すべての学校に下付されました。翌年一八九一（明治二四）年の一月に嘱託教員であった内村鑑三は、第一高等中学校の教育勅語の奉読式のさいに、最敬礼をしなかったばかりに学内外から攻撃され、同校から追放されました。いわゆる「内村鑑三不敬事件」が起こったのです。

キリスト教学校教育同盟編『日本キリスト教教育史　人物篇』（創文社，1978年）

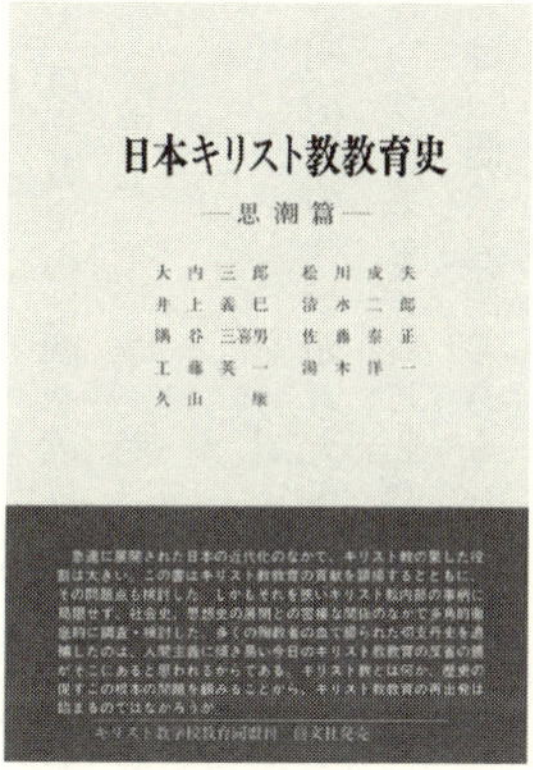

久山康編『日本キリスト教教育史　思潮篇』（キリスト教学校教育同盟，1993年）

その年の一一月に日本人初の総理となった井深梶之助は、就任式において明治学院の教育の基本方針として「パンにあらで寧ろ修養（カルチュール）、忠君愛国のみに偏せずして上帝を敬畏するを以って知恵の本と為すべき」（『福音新報』第三二号、明治二四年一一月一二日）であると述べました。資本主義の興隆と国家主義の台頭の時代の中で、井深は、明治学院の教育目的を、「パン」に象徴される物質主義でも、「忠君愛国」に象徴される国家主義でもなく、キリスト教の神を敬い、畏れることを通じて研究と教育に励むことであると宣言したのです。

井深は一八九九年（明治三二）年に正規のキリスト教学校における宗教教育を禁じた文部省訓令第十二号

に反対し、一九一〇（明治四三）年には、基督教教育同盟会初代会長に就任します。一九〇九（明治四二）年の開教五十周年の演説「基督教教育の前途」において、井深は、キリスト教大学の必要性を以下のように訴えました。

「中等教育のみならず大学教育までキリスト教の感化の中で受けしめ、然して基督教的品性を養成せしめんことを希望せざるを得ず」。

「我が国の社会各方面に立ちて牛耳を取る人物をして基督教的世界観を有し、基督教主義に依りて生活行動せしめざるべからず。然して之が為には、唯公衆に向かって広く福音を宣伝し教会を建設するのみならず、最高教育の機関を設けてキリスト教的人物を養成するの必要あるなり」（『井深梶之助とその時代』明治学院、一九七一年、第三巻、二四七―八頁）。

明治期の後半から大正期に入ると、井深のいう「カルチュール」すなわち、「修養」ないし「教養」という言葉を背景とした思想運動が拡大していきます。日露戦争以降、勢力を増してきた国粋主義者たちは、儒教道徳である「忠孝の大義」こそ日本の国体の精華であると決め付け、これを日本国民道徳として子々孫々に伝えるために、教科書改訂作業に着手しました。一九〇四（明治三七）年に使用し始めた修身の第一次国定教科書を、穂積八束《ほづみやつか》を委員長として全面的に改訂することによって、一九一〇（明治四三）年からは、家族的国家観に基づいた修身の第二次国定教科書を使用し始めます。すなわち、家族という親子関係を母体とした自然共同体の構成原理が国家の構成原理と同一視され、国民の「総本家」としての皇室とその子である「赤子」によって国家が構成されるというのです。このような思考の下に儒教道徳である「忠孝一致」の思想が強調されました。主人に対する「忠義」と親に対する「孝行」が一体化され、強調されるだけでは、内面性をもつ個人が社会性をもつ独立した人格として成長する思想的契機をなかなか見出すことはできません。文部省は全国の師範学校の修身科担任教員を集めて、国民道徳の講習会を開いたり、師範学校、中学校、高等女学校などにおいて穂積の国民道徳の論議を聞かせたりしました。こうして国家主義的教化が国民全体に対して一つの圧力としてのしかかりつつあった時代に、政府ではなく民間からの思想運動として、わが国の思想界に自然主義、白樺派、新カント派のようないわゆる「修養」運動がだんだんと盛んになってきたのです。もちろん「修養」運動の中には、家族的国家観をむしろ補完するような運動もありました。

そのような状況の中で、「キリスト教人格教育論」を明確に打ち出したのが、一九一七（大正六）年の教育同盟会第七回総会に提出されたD・B・シュネーダーの「日本の基督教教育総合的方針」という報告書でした。

当時シュネーダーは東北学院長で、教育同盟の副会長でした。報告書はキリスト教教育の目的をこう述べています。

「我々の教育の目的、官立の教育を補完することにより国家に仕えることを第一とするのではない。また、大規模で成功した、影響力のあるキリスト教学校を築き上げることでもなければ、クリスチャンに改宗させることでさえない。我々の主要な目的とねらいは、思うに、あるタイプの人間を形成することでなければならない」。

キリスト教教育の目的は、「国家による教育の補完」でも、クリスチャンを増やすための「改宗教育」でもないというのです。むしろキリスト教人格教育が目標とする「あるタイプの人間」(a certain type of men) の育成がなされるべきだというのです。その人間像は以下のように具体的に述べられます。

「消極的にいえば、ただ時流に乗ったり、置かれた環境すべてに逆らわず単に従ったりすることのない人間であるべきである。そのような世に流される人間は、名義上クリスチャンであろうとなかろうと、我々の教育の真の目的に関する限り、落伍者である。積極的にいえば、我々が育てようとする人物とは、知的な面としては、よくものを考え、真理それ自体のために真理を愛する人間である。その人の知識はよく会得された本物のものであって、単に記憶された事実の集積ではない。道徳的見地からいえば、その人物はとりわけ、キリストの精神、奉仕と自己犠牲の精神によって支配された人格の持ち主である。また、清らかで公正で高潔な人間であり、成功よりも真理や正義を尊び、自らの義務、そして同胞や国家に対して深い責任感を持つ人間、改革者たる勇気を宿しつつ救済者たるべく愛と共感と同胞愛を有する人間ある」(D. B. Schneder 'A Comprehensive Policy for Christian Education in Japan,' *The Japan Evangelist: A Journal of Christian Work in Japan*, vol. xxv., Jan 1918, no. 1., p. 14. 大森秀子監訳・森本倫代訳「日本の基督教教育総合的方針」『百年史紀要』第八号、二〇一〇年、七九—八〇頁)。

理想主義的かも知れませんが、「日本の基督教教育総合的方針」は、家族的国家観がもつ強烈な情緒的共同体意識に流されず、知識と人格が乖離しておらず、キリスト教精神によって社会を改革して行けるような責任ある人格の育成を目的としていたことが分かります。

次に紹介するのは、大正デモクラシーを代表する新渡戸稲造が東京女子大学初代学長として、一九二二（大正一一）年の第一回卒業式に寄せた「祝辞」です。新渡戸は、札幌農学校出身で、当時国際連盟事務局次長の要職にあり、ジュネーブに駐在していました。新渡戸は、近代日本の教育が知識主義、職業主義に偏り、結果的には立身出世主義の俗物主義になっていったことに対して厳しい批判をもっていました。そして、その教育の目的が、男子は「忠君愛国」、女子は「良妻賢母」に偏り、人格への呼びかけは行われたことがない、といいます。

「此の学校はご承知の通り我が邦における一つの新しい試みであります。従来我邦の教育は兎角形式に流れ易く知識の詰め込みに力を注ぎ、人間とし、又一個の女性としての教育を軽んじ、個性の発達を重んじず、婦人を社会而も狭苦しき社会の小機関と見做す傾向があるのに対して本校に於いては基督教の精神に基づいて個性を重んじ、世の所謂最小者《いとちいさきもの》をも神の子と見做し、知識よりも見識、学問よりも人格を尊び、人材よりも人物の養成を主としたのであります」（『東京女子大学五十年史』一九六八年、四七頁）。

ここで新渡戸は、「知識」よりは「個性」の尊重、「人材」よりは「人物」の養成を打ち出します。これまで、明治、大正期のキリスト教人格教育を論じる際に頻出する「人物」という言葉は意味深長で、新渡戸によれば、その意味は「人格」（personality）と同義ではなく、「人物」とは「人格のよく発揮された品性の明らかな人」という「人格の活用」ともいうべき主張が込められていた点にも注目しなければなりません。

二　戦後期（一九九〇年まで）

一九四五（昭和二〇）年の敗戦により、長年キリスト教学校を苦しめてきた文部省訓令第十二号に代えて、文部省は、同年訓令第八号を発布して、私立学校における宗教教育を公認します。戦後のキリスト教ブームと、新たに開始された海外宣教団体（ミッション）からの援助のもとで、キリスト教学校教育は発展のチャンスを迎えました。

そのような状況の中で、松村克己関西学院大学神学部教授は、一九五八（昭和三三）年に論文を発表し、海外宣教団体の援助に依存していた戦前のキリスト教学校と、戦後の日本の経済成長下に物心両面において自立するようになったキリスト教学校を区別する意味において「ミッション・スクール」の特色として次の三点を列挙しています。第一に、経営の主体がミッションであり、従って経済的支援をミッションに仰いでいること。第二に、ミッションは伝道のために教育施設を手段として持とうとしたこと。第三に、伝道地の文化がミッションの本国に比して後進的であり、従ってミッション・スクールは文化的優越性を保っていることです（松村克己「宗教と教育――日本に於けるキリスト教主義学校に関する神学的考察」『神学研究』第七号、一九五八年、三七四頁）。実際、戦前のキリスト教学校においては、海外宣教団体のキリスト教学校に対する物心両面にわたる大きな支援があり、キリスト教学校が「ミッション・スクール」と呼ばれる性格を帯びていたことは否めません。戦後も一九七〇年代初頭のオイルショックの時期まで海外宣教団体による支援が続いたとはいえ、その支援はキリスト教学校の経営に影響を及ぼすほどではありませんでした。それゆえ戦後のキリスト教学校を「ミッション・スクール」と呼ぶのは適切でなく、キリスト教学校の側もその自覚が求められていたのです。それゆえ、松村の区別は重要な意味を持っていました。

もとより「ミッション・スクール」という呼称は、キリスト教学校に対する一般的な呼称として世間に広がり、教育同盟自身の記録にもこの言葉が記載されていた時期がありましたが、キリスト教学校にとっては本意な呼ばれ方ではなく、戦前教育同盟はこの呼称を否定する見解を打ち出していたことを記憶しておかなければなりません。

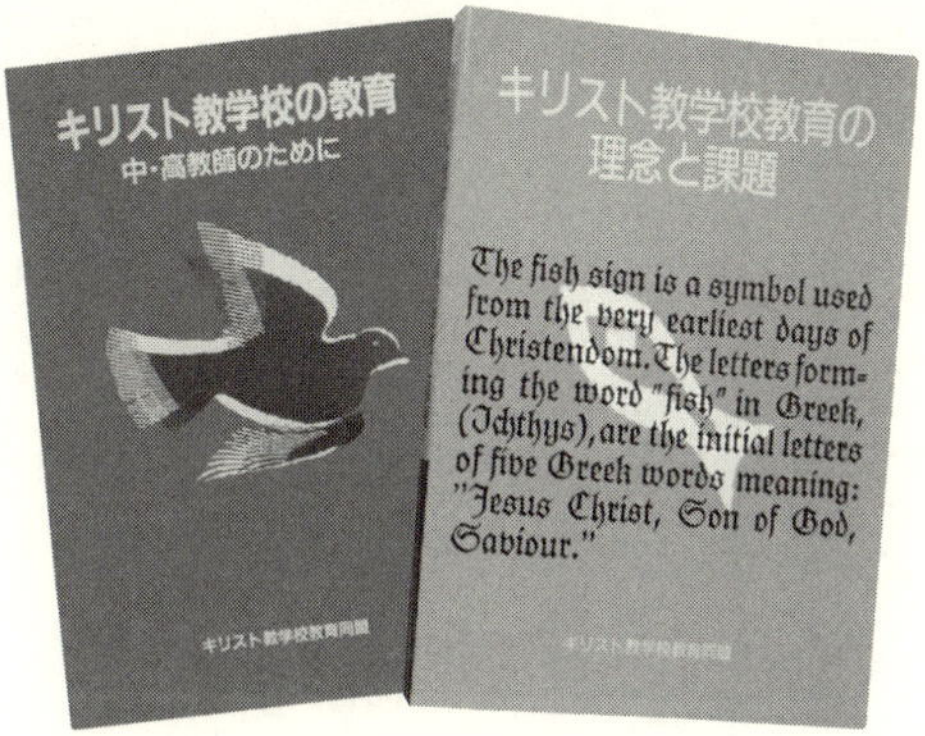

キリスト教学校教師養成事業委員会編『キリスト教学校の教育——中・高教師のために』（キリスト教学校教育同盟，1987 年）キリスト教学校教師養成事業委員会編『キリスト教学校教育の理念と課題』（キリスト教学校教育同盟，1991 年）

「ミッション・スクールと呼ぶ名称は二つの誤解を伴う。第一に信者を作ることを首要目的とし教育は単に方便と思はれる事。第二に外国人に属し、彼らに支配せられ外国のインタレスト為に建てられありと思はれる事。……吾等の学校はミッション・スクールと呼ぶよりも寧ろ基督教学校と称するを適当とす。其の目的は基督教主義に於て子弟を教育する事を第一義とし、信者は内より自然に生まれ出ずる発生でありたきものなり」（教育同盟「第一四回総会議事録」一九二五年、四〇頁）。

松村論文が提起したことは、キリスト教学校の歴史的位相を明らかにした上で、「信仰」と「教育」の間、そして「教会」と「学校」の間に一線を画すことによって、キリスト教学校におけるキリスト教教育の性格を明確にすることでした。

「教育の場を教会の外に、学校に持つ場合、キリスト教々教育の概念を狭義に教会的に規定し、之を直接無媒介に信仰教育と同意義のものとして要求することは不当であるのみならず、甚だ不幸な事態を生んでいると云わねばならぬ。それが日本のキリスト教学校に一つの混乱を生み、当事者・教師の間に混迷をただよわせている」(松村、前掲論文、三八九頁)。

松村には、歴史的、文化的な「キリスト教信仰」(Christian faith) は学校で教えられるが、内面的、実存的な「キリスト信仰」(faith in Christ) は理解に訴えて教えられないのではないか、という神学者としての疑問が根底にありました。それゆえ、松村のキリスト教学校論におけるキリスト教の役割は、「教育が真の人間共同への志向を含み、人格的存在の具体的形成を目指す限り、宗教なき教育は到底考えられないことである。ここにおいてキリスト教主義学校は一般学校の教育に対して自己の存在の意義を教育固有の領域において問いとして提起することができる」と主張するものの、限定的なものでした。

「学校が教会化してはならぬ。即ち学校に教会が持ち込まれてはならぬ。教会は自らの活動を学校という場にふさわしい形に転じなくてはならぬ。従ってチャペルと呼ばれている時間とその持ち方も、教会の礼拝を学校に持ち込むのではなく、学校教育乃至は訓練の一環として為されるのが適当であり、伝道活動なり純粋な宗教行事は特別活動として正規の教育以外で行われるのが至当である」(松村、前掲論文、四〇〇、四〇一頁)。

その結果、松村は「キリスト教教育」と「キリスト教主義教育」を意図的に区別します。松村によれば、「キリスト教教育」は、キリスト教を目的ないし目標とする狭義の概念であるのに対し、「キリスト教主義教育」は、教育を主として、これをキリスト教によって行う広義の概念であり、キリスト教学校でなされる教育は「キリスト教主義教育」であり、学校教育法による学校法人を経営主体とする一般学校キリスト教学校は「キリスト教主義学校」(Christian school)であるべきだというのです。

松村に対する反論は、関西学院大学神学部の同僚教授である小林信雄からなされました。

「松村教授の所説は、私の理解では、簡単に言って学校と教会との二元論と思われます。……この二元論ではキリスト教主義学校の現状を理論づけることはできても、こんご進むべき方向や理想は出てこないと思います」。

この本論の書き出しで始まる小林の論点は、「信仰」と「教育」の間、そして「教会」と「学校」の間に一線を画す松村の論理は、キリスト教学校がもっている伝道的性格や、教会がもっている教育的性格を捨象しているのではないかというものでした。

「福音と文化を理論的に区別することが、直ちに実践的に学校と教会との機能を分業的に区別することになるのでしょうか。松村教授も、福音と文化とを区別するだけでなく、むしろ両者の折衝を考えられるわけで、キリスト教主義学校はいわばその緩衝地帯にあたると考えられるのです。逆に教会のつとめを考えてみましょう。松村説によれば、教会教育の目標は、「キリストへの回心」つまり信仰告白を目指すとされています。はたしてそれだけでしょうか。教会においては、「信仰への教育」だけが考えられて、「信仰による教育」は取り扱われないのでしょうか。むしろ信仰を告白した信仰者の人間形成といった面も強調せねばならないと思います。……伝道は、人格形成のわざという意味において教育的な性格をもたなければならず、逆に一般教育は、必ずしも「信仰への教育」でないとしても、それは「信仰による教育」、あるいは松村氏のいう「キリスト教への教育」という意味を含めて、伝道としての性格をもたねばならないと、私は思います」(「論評　教会とキリスト教主義学校——松村克己教授「宗教と教育」をめぐって」関西学院宗教活動委員会編『論文集　教育と宗教』新教出版社、一九六五年)。

松村と小林の論争は、教会との関係においてキリスト教学校の教育をどう位置づけるかという点において興味深いものがありました。松村は、キリスト教学校の教育の独自性を主張したのに対して、小林はその類似性を強調したのです。その後、見解の相違は、中高の「聖書科」、大学の「キリスト教概論」という正課ではなく、学校礼拝、ないしはチャペルといった課外の教育をどう位置づけるかという点をめぐって先鋭化しました。

青山学院大学文学部教授関田寛雄は、「チャペル・サーヴィスは公同礼拝ではない。それはキリスト教大学の持つキリスト教教育プログラムの一つである。それゆえチャペル・サーヴィスの意味はキリスト教教育または教育の神学の領域において論ぜられるのが妥当である。もちろん広い意味における教会論に含まれるけれども、直接的には大学におけるキリスト教教育の問題であり、福音と教育(文化)の関わりの場の問題である」と述べて、教会の礼拝と学校の礼拝の間に一線を画そうとしました（「大学チャペル・サーヴィスに関する一考察」青山学院・関西学院編『キリスト教教育の理想と現実』創文社、一九六八年、七〇頁）。関田は、チャペル活動を、正課に対して「不当に低い位置ではなく、むしろ「キリスト教的実存への導入」が決断的、主体的に実現される場として、中心的な意義を持つ」と評価しつつも、学校礼拝に「教会」から区別された用語である「チャペル」という言葉を充て、「導入教育は学校教育プロパーの場所で評価されるべきことであって伝道を目的とする教会との直接的関係から導出されるものでない」と述べて、教会からの独自性を強調しました。

しかしながら、関田が、チャペル・サーヴィスがキリスト教信仰への「導入教育」（インダクティング）であるという場合、「教育を自己完結的に遂行するのではなく、少なくとも導入教育の実践場面で教会に対して開かれており、教会との対話と協力という関係が要請される」（同上、七四、七五頁）と述べている点は、教会における礼拝と大学における礼拝の性格の違いを指摘しながらも、キリスト教学校の教育の特徴を的確に指摘した表現だといえます。

関田の学校礼拝論に対する反論は、学園紛争後しばらくしてから北星学園大学長の赤城泰によってなされました。「八〇年代に生きる教育——キリスト教学校が問われているもの」というテーマで開催された教育同盟第五〇回夏期研究集会における赤城の講演は「キリスト教学校教育」（一九八〇年九月一〇日）に掲載されました（これは加筆され、「キリスト教主義学校と礼拝」というテーマで『キリスト教学校教育の理念と課題』教育同盟、一九九一年に収録）。

「キリスト教教育の目指すところが「まことの礼拝をする者」(ヨハネ四・二三)の育成であるからに他ならない。学校礼拝を考えるとき、私は、「学校の枠の中で」礼拝がなされるという言い方ではなくて、むしろ「信仰の枠の中で学校教育がなされる」という言い方をとりたい」と真っ向から松村や関田の議論に反論しました。そして、「キリスト教主義学校とは何か」という問いに一言で答えることを求められるならば、私は、それは「礼拝する学校」である、と言ってよいと思う」と述べ、関田が教会との関係において学校礼拝の独自性を明らかにしたのに対して、「教会の礼拝と大学の礼拝はともに「礼拝」である点で優劣の格差はない。……「性格」の違いは、……むしろ礼拝様式の多様性に由来するものと見るべきであろう」(『キリスト教学校教育の理念と課題』一三三、一三五、一三八頁)。

赤城による「教会の礼拝」と「学校の礼拝」の同一視は、キリスト教学校に対する彼の歴史観を披歴した箇所になによりも表明されています。「かつては教会と学校の関係は極めて密接、というより一体化していた(これは、わが国にミッション・スクールが成立したいきさつからも言える)。特定の教派ないし個別教会が具体的に学校を生み出したし、教会と学校はその機能・目的において伝道という同じ方向をとっていた(「こうした渾然一体となっていた関係が問題にされ始め」、学校を重視する立場と、「キリスト教信仰から出発する立場」に分かれるようになった。赤城によれば、前者は、「まず学校を考え、つぎにさまざまなキリスト教的要素をそれに付け加えると、そこにキリスト教主義学校が出来上がる、という考え方である。このようにあとから付け加えられる、いわゆる「キリスト教的添加物」には、例えば礼拝、聖書科授業、宗教主任(チャプレイン)、クリスチャン・コード、寄付行為や学則第一条等におけるキリスト教への言及等々がある」。他方、後者は、「この信仰は文化、とりわけ教育、なかんずく学校教育に対して深い関心を寄せる。その結果、具体的な学校設置が目ざされ、ついには設置基準や関係法令に定められた諸条件を満たして、学校が出来上がる。これがキリスト教主義学校の誕生である」。それゆえ赤城は結論を以下のように述べます。

「「一般学校の枠の中で」捉えようとすることにやはり問題があるように私には思えるのである。……たしかに、キリスト教主義学校の発生史的な観点から見れば（つまり通時的な捉え方をすれば）そうした理解も可能であろう。けれども、いま・ここに現代に存在するキリスト教主義学校の原理的構造を現時点で断ち切って捉えようとするとき（つまり共時的に見ようとするならば）、まず学校というのではなくて、まず信仰という第二のアプローチが適切であるように思う。したがって、学校礼拝を考えるとき、私は、「学校の枠の中で」礼拝がなされるという言い方でなくて、むしろ「信仰の枠の中で学校教育がなされる」と言い方を取りたい」（『キリスト教学校教育の理念と課題』一三九、一四〇頁）。

このような結論の導き方からいえることは、キリスト教学校を「信仰」という主観的な観点からのみ規定することによって、キリスト教学校教育が歴史的、現実的に置かれている問題点が捨象されることになるのではないかという点です。たとえば、過去の国家主義的な教育政策、とりわけ文部省訓令第十二号との対峙、戦時下の神社参拝の問題、戦後の経済成長による世俗化の中のキリスト教学校の問題などキリスト教学校教育とは何かという点が、信仰や礼拝という本質をめぐる論議のもとに考慮されなくなるのではないでしょうか。本質をめぐる論議を繰り返しているうちに、日本経済の発展は、キリスト教学校に規模拡大を不可避的に迫り、その担い手である教職員の中で、信仰をもつクリスチャンはますます少数となりました。その中でキリスト教学校教育をどのように遂行していくのか、という新しい課題が浮上してきたのです。

三　現代（一九九〇年代から）

世界は、一九八〇年代後半に冷戦体制の崩壊を迎え、日本では一九九〇年代初頭にバブル景気が崩壊し、低成長時代に一気に突入しました。それまでの冷戦構造の下で、経済の発展に伴い、規模拡大し続けたキリスト教学校も再編の時期を迎えざるを得ませんでした。たとえば、教育同盟加盟法人中最古の歴史をもつ明治学院もその例外ではありませんでした。クリスチャン教員が少数化するにつれて、一九八七年頃から大学長はクリスチャンでなければならないという学長のクリスチャンコード（寄附行為に規定された学長のキリスト者条項）の廃止運動が教職員の中から湧き起こり、一九九五年にコードは撤廃を余儀なくされました。

その波紋は大きく、一九九六年の教育同盟第八四回総会の特別プログラムとして「建学の精神は生かされているか――クリスチャンコードなどをめぐって」と題する協議懇談が設けられました。明治学院長の中山弘正は、学長のクリスチャンコードを撤廃する際に次の四点の制度的措置を講じた旨を報告しています。第一にキリスト者教員の比率を今後低下させないこと。第二に、キリスト系科目のカリキュラム上の後退をさせないこと。第三に、学院牧師を新たに置くこと。第四は、キリスト者副学長を必ず置き、常務理事会にも加えることでした（「キリスト教学校教育」第四〇一号、一九九六年七月）。

それに対して、東北学院大学長の倉松功は、キリスト教に基づく教育のレジティマシー（合法的妥当性）を保証するのは理事会であり、したがって理事会の過半数が理事長と志を一つとしなければ、その責任を全うできないと主張して、学長や学部長の選出に際し、キリスト者条項だけでは不充分で、理事会主導型による候補者選考制度を設けることで教授会への指導力を強めることができる（「キリスト教学校教育」同号）と述べました。

この論議には、学長のクリスチャンコードだけが、キリスト教教育を担保するものなのかという問題提起の他に、クリスチャン教員比率が低い教育現場にキリスト教学校教育を任せておく訳にはいかないという、いわば「上からの」キリスト教教育の問題が提起されているのです。

一九九〇年代以降のキリスト教学校教育論として特筆すべきは、東京女子大学教授松川成夫の「「キリスト教に基づく教育」を考える」学校伝道研究会編『キリスト教学校の再建――教育の神学　第二集』（聖学院大学出版会、一九九七年）です。松川は、現代におけるキリスト教教育の危機の原因を以下のように分析しています。

「まず社会全体に世俗化の傾向が進み、人々の関心は物質的なもの、目にみえるものに集中し、精神的なもの、目にみえないものには無関心となり、宗教的なものやキリスト教信仰が曖昧にされるようになったことがあげられる。また学校の教育は受験準備に重点がおかれ、いわゆる偏差値を高めることに努力が集められ、人格教育が弱体化したことなどがあげられる」（同上、九四―九五頁）。

学校伝道研究会編『キリスト教学校の再建——教育の神学第二集』（聖学院大学出版会, 1997 年）

このような状況の中で松川は、「教会」か「学校」という二者択一論争を繰り返すのではなく、キリスト教学校において、キリスト教が「健全に機能する」こと、「生き生きと」働くことが重要であり、それを願って、「キリスト教学校公教育」論と「キリスト教学校教育共同体」論を展開しました。

第一の「キリスト教学校公教育」論ですが、これまでの議論が「教会」と「学校」という立て方であったために、世俗社会におけるキリスト教学校の位置づけに欠けた嫌いがありました。松川は、「キリスト教学校とは、その大多数が学校教育法第一条「この法律で、学校とは、小学校、中学校、高等学校、大学、高等専門学校、盲学校、聾学校、養護学校及び幼稚園とする」に規定されている学校である」。この学校は教育基本法第六条の「法律に定める学校」として、公教育を中心的に担う学校である。その点で、国・公立学校や、他の私立学校と変わるところはないと言います（同上、九六頁）。歴史的、文化的に見て、日本においては、公《おおやけ》は「お上」のことを意味するのに対して、西欧において公とは、英語の public であり、その語源がラテン語の publicus, populus に由来しているように、つまり people「人々」の意味であることを説明します。ところが、日本では歴史的に、教育は国家が計画し、調整し、統制するものと考えられ、教育における官公立優先が伝統となってきたことから、学校が「だれによって」設立されたかがだけが中心問題とされ、「だれのための」学校であるかはあまり問題にされない傾向があり、公教育と私立学校を結びつける考え方は、かならずしも十分に自覚されたり、展開されてはこなかったというのです（同上、九七頁）。

第二の「キリスト教学校教育共同体」論において、松川は、「基本的にはキリスト教学校というのは、その設立にキリスト教会が責任を持っている学校なのである。もともとキリストのからだである教会のひとつの枝である」と述べて、キリスト教学校の根拠を改めて教会に求めます。その上で、教育共同体である学校の構成員の権利についてはこう述べられています。

「キリスト教学校は、その構成員のあるものが「非」キリスト者とされるような構成原理がでてくると、非キリスト者は、外様とか客員ということになり、真の意味での協力は成りたたなくなるであろう。そこで、教育共同体であるキリスト教学校の構成原理は、キリスト教信仰そのものでなく、キリスト教教育目的であり、真の人間形成、人格形成でなければならない」（同上、一〇二頁）。

これまでの議論が、「キリスト教による人格教育」のキリスト教、どちらかと言うと、信仰に重点を置いた議論であったのに対して、教育目標が「真の人間形成、人格形成」であるがゆえに、「クリスチャン」と「ノンクリスチャン」は学校という共同体の構成員としては「対等」だというのです。ただし、キリスト教学校におけるキリスト教は、上述のように、キリストの教会がキリスト教学校の存立に責任があるように、キリスト者教師はキリスト教学校の教育にキリスト者として責任をとらなければならないと述べ、キリスト教学校においては、キリスト教が「権利」ではなく、「責任」という性格をもつと主張します。このような教育共同体論から以下のような結論が導きだされます。

「キリスト教学校において、キリスト教が直接的に示されたり、語られたり、あるいは伝えられるという場面があるが、キリスト教に基づく教育という場合は、教育という人間的文化的営みにおいて、いわば「間接的に」キリスト教が自己を主張し、表現するのである。この「間接的」というのは、他者の自己主張を承認し、それをうけいれたうえで、いいかえれば、自己を相手に従わせつつ、自己の主張を表現しようとする道をとることをいうのである。これが「相互理解による共同」ということであって、「主義」とは、このような態度や生き方、その結果としてあらわれてくるものに対して名づけられることばなのである」（同上、一〇六―一〇七頁）。

「間接的に」キリスト教が自己を主張するとは、どのような意味なのでしょうか。学校礼拝論においても類似の主張がありました。一九九八年の夏期研究集会における発題において敬和学園大学教務部長の山田耕太は、キリスト教教育とは価値観の教育であることを強調しました。

「山田先生は敬和のキリスト教教育とは価値観の教育であることを強調された。これは改宗教育ではなく、キリスト教的視点でものを見、考える学生を育てる教育のことである。信者ではないが価値観はキリスト教であるという学生が毎年輩出されていく事実に、山田先生は大学のキリスト教と教会のキリスト教とは別である感を年々強くいだかされると話してしめくくられた」。

「地域近隣の教会と大学の関係は、『チャペルアセンブリー・アワー』の講師、多数の牧師が理事となっていることで密接な関係にある。各種の行事において連携はよく出来ている。しかし、大学での学び、礼拝を通して学生たちは「キリスト教の価値観」を身につけ、無教会的ともいうべき形の〈キリスト者〉として存在していくのではないか」(『キリスト教学校教育』第五一六号、一九九八年九月)。

これに対して、当時遺愛学院長・理事長であった赤城泰は、翌年の東北・北海道地区中高研究集会の講師として以下のように反論します。

「『教会のキリスト教と大学のキリスト教は異なる』という主旨の意見は、実に文化主義的(価値論的)宗教解釈の顕著な例であろう。……その内容は今日の価値の相対化、多様化という点で、そこではキリスト教学校としてその生命である「礼拝」の持っている意義を認めてはいない。価値観の教育であるならばキリスト教の「看板」を掲げて行なう必要もない」(『キリスト教学校教育』第五二二号、一九九九年四月)。

こう述べて執拗なまでに、「教会の礼拝」と「学校の礼拝」の同一視ともいうべき立場を繰り返しました。

松川が主張した「キリスト教学校教育共同体」論は、世紀末の迫った一九九九年に明治学院長の久世了によって継承されました。久世は、「正規の学校教育をほどこす私立学校として集めた生徒、学生を対象として、キリスト教そのものを教える科目を必修とし、その科目の単位取得のために教会の礼拝その他の活動に何らかの程度において参加することを要求し、もって伝道に一定の役割を果たす、という「伝統的な」イメージを「キリスト教主義教育」の表現のうちにくるんでいる人がいる」と述べて、教会との関係しか意識してこなかったこれまでのキリスト教学校教育論を批判的に扱います。

しかし、「そこでは現在多数を占める非キリスト者教職員は結局キリスト者の下働きにすぎないのか、と問い直され、あからさまにそうだと答えたとすると、学校そのものが破綻をきたす恐れが大きい」と述べて、キリスト教学校で働く多くの非キリスト者教職員の立場を代弁し、教育共同体としてのキリスト教学校の性格を捉え直しを迫ります。

他方で、久世は、その教育共同体が担っているキリスト教学校教育のポジティヴな性格を以下のように述べています。

「わが国の学校教育一般の課題を考えてみるとき、単なる知識の伝授でもなければ、……世界市民たり得る良い性格を持った個人を形成すること（character buidling）こそが強調されなければならない。このような character は「超越なるものの存在への感覚」なくして果たして可能なのであろうか。そして、その感覚を身に付けさせる手段として、われわれの学校がキリスト教を知らしめるという点で豊富な資源を有しているということを、心ある非キリスト教教職員は絶大なメリットとして評価している」（「キリスト教学校教育」第五二〇号、一九九一年一月）。

おわりに

現代は、価値の多様化の時代であり、「公教育」を担うキリスト教学校には、クリスチャンのみならず、多くの非キリスト者教職員が働いています。キリスト教、およびその教会は、キリスト教学校の存立に「責任」を負う立場にあっても、教育現場においては、クリスチャンと非キリスト者教職員が対等な「権利」をもつキリスト教教育の担い手として、協働してキリスト教学校の建学の精神である「キリスト教による人格教育」の実現に向かっていかなければ、キリスト教学校教育は立ち行かなくなるのではないでしょうか。

開国後、日本の近代教育の発展と軌を一にして広がったキリスト教学校教育は、明治・大正期の国家主義的教育政策に対して、キリスト教による「人格主義」の伝統を培い、英語教育のみならず、人格教育の点においても、人間の自立と人格の尊重を促すような教育理念を提唱してきました。キリスト教による人格教育ですから、キリスト教会との関係は重要であり、その関係は切っても切れない関係にあるということは言うまでもないことですが、キリスト教学校教育の教育目標は、キリスト教学校という「教育共同体」において、非キリスト者教職員にも共有され、賛同されるものでなければ、キリスト教学校が置かれている現状の立ち位置に相応しいものだとはいえないのでないでしょうか。

今日の「キリスト教学校教育論」論争は、クリスチャンにしか理解できないような本質論議に終始するのではなく、非キリスト者にも賛同されるようなキリスト教学校の制度・組織・教育目標を構築することが大切であることを私たちに教えているように思えてなりません。

第七章 教育同盟の一〇〇年、そして未来に向けての五つの提言

日本の開国により幕末明治期に主にプロテスタント外国人宣教師によって始まった私塾は、日本各地において学校の体裁を整え、一九一〇年にキリスト教男子学校による基督教教育同盟会を設立した。爾来一〇〇年。その同盟会は、一九二二年にキリスト教女子学校によって結成された日本基督教女子教育会が合流し、一九五六年に基督教学校教育同盟、一九七一年には現在の名称であるキリスト教学校教育同盟と改称、九七の学校法人が加盟する組織として二〇一〇年一一月二三日に立教大学タッカーホールにおいて一〇〇周年記念式典を挙行した。本章では、教育同盟一〇〇年の歴史を振り返り、次の一〇〇年に向けて教育同盟の未来への提言を展望する。

一　教育同盟史の緯糸と経糸

(1) 躍進の半世紀

そもそも一〇〇年間を振り返れば、教育同盟の背景をなす主な要因として以下の二点が挙げられる。第一は、教育同盟成立の契機となったプロテスタント・キリスト教の教派を超えた国際的なエキュメニズムであり、第二は、キリスト教教育を妨げるような文教政策、すなわち、戦前の天皇中心的な教育勅語による国粋主義的な文教政策、戦後の国家主義的な文教政策との対峙である。これら二つの要因は、教育同盟のいわば緯糸と経糸として一〇〇年の歴史を様々に織り成し、加盟校に結束と離反を促してきたといえよう。

さて、学校における宗教教育や宗教行事を禁じた文部省訓令第十二号が発令されたのは、一八九九年のことであり、教育同盟設立に一一年も遡る。この訓令第十二号に抗してキリスト教学校は結束を強め、上級学校への進学資格や兵役猶予の特権を放棄し、ほとんどの学校は各種学校として存続した。その後、キリスト教学校は特権を徐々に回復し、中学校令や高等女学校令に準じた指定校や認可校としての取り扱いを受けた。プロテスタント開教五十年記念式典、翌一九一〇年のエディンバラの世界宣教会議の席上、日本におけるキリスト教大学の設立を訴えた井深梶之助（教育同盟初代会長）の演説は、大学という高等教育機関においても「キリスト教的品性」を備えた人物の育成を果たしたいという、強力なメッセージを国の内外に伝えるものであった。教育同盟は、国際的で教派を超えたエキュメニカルな支援のもと、女子大学に関しては、一九一七年の東京女子大学の設立に成功するが、男子大学設立は失敗し、戦後の国際基督教大学まで日の目を見なかった。たとえ男子大学は設立されなかったとはいえ、教育同盟加盟校の課題であるキリスト教教育の理念は、一九一七年第七回総会において教育同盟副会長D・B・シュネーダーによって発表された「日本の基督教教育総合的方針」に明らかにされた。「我々の教育の主要目的は、官立の教育を補完することにより国家に仕えることを第一とするのではない。……またクリスチャンに改宗させることでさえない。我々の主要な目的とねらいは、思うに、あるタイプの人間を形成することでなければならない」と述べて、改宗教育や官立学校の教育との相

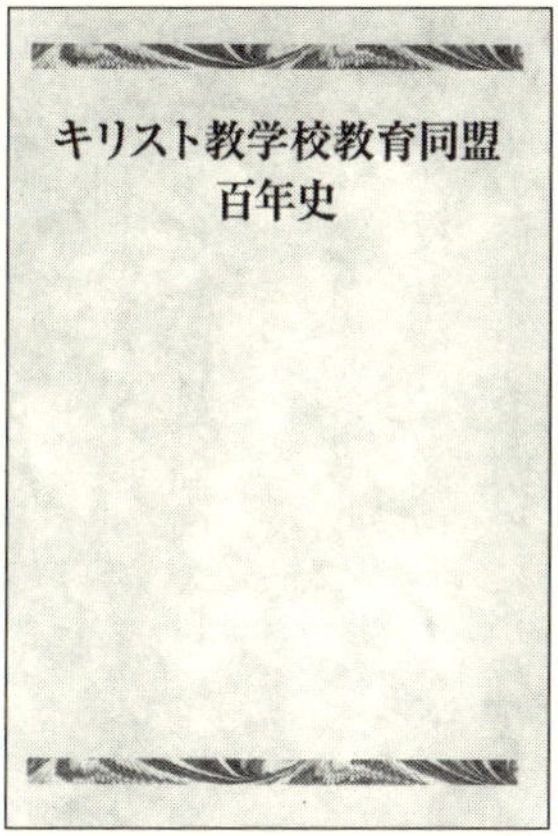

キリスト教学校教育同盟百年史編纂委員会編『キリスト教学校教育同盟百年史』（教文館，2012 年）

違を強調したのである。

　教育同盟は、一九二八年のエルサレム世界宣教会議を契機に、日本のキリスト教教育の実態を世界に知らしめんと、日米両国委員による調査委員会を組織し、アンケートとインタビューによる実地調査を踏まえて、一九三二年に *Christian Education in Japan*（邦語訳『日本の基督教々育に就いて』教文館）を発表した。この英文報告書によれば、大学においては数が少なく、自然科学系の学科がないこと、男子中学校の教授方法は講義中心であり、生徒の積極的な学習の場が必要であることなどが指摘された。一九三〇年の満州事変を契機に、時代は確実に「大正デモクラシー」から十五年戦争期の戦時体制に切り替わりつつあった。神社参拝がキリスト教学校にも強要され、神社参拝の是非が議論されてきた教育同盟においても、その態度を鮮明にすることを余儀なくされた。教育同盟は、植民地における唯一の加盟校である台南長老教中学からの質問に対して、一九三二年の上智大学における靖国神社参拝拒否事件の際の文部省見解、すなわち、「神社参拝は宗教行事でなく、国民道徳の一手段である」を受け入れ、教育同盟の見解として表明した。困難な時代に直面して教育同盟の結束を図るために、一九三五年の第二四回総会において「基督教主義教育の要旨」が決議されたが、「我が基督教主義学校は基督の福音を仰いで……其の感化により霊性の啓発人格の陶冶を図り、自覚ある国民を養成し、以て国運の振興文化の進展に貢献せん」と述べるのが精一杯であった。戦前・戦中最後の総会となった一九四三年の第三一回総会では、「我等基督教教育ニ従事スル者愈々使命ノ重大ナルニ鑑ミ操守ト信念トヲ堅持シ大イニ皇国民ノ錬成ニ力メ聖戦ノ目的完遂ニ邁進シ以テ皇国ノ光栄ヲ顕揚センコトヲ期ス」と決議し、人格教育よりも戦争への全面協力を表明した。

日本の敗戦によりアジア太平洋戦争は終結し、教育同盟創立以前からキリスト教学校を苦しめてきた文部省訓令第十二号は、一九四五年一〇月に私立学校における宗教教育を認める文部省訓令第八号によって無効となった。一九四六年の第三三回総会において、教育同盟は「新日本建設に対する基督教教育の使命」を決議した。「我々は神と人との前に拭ふべからざる罪過を犯した」というその声明文は、その罪を具体的に問うことなく、再出発を誓った。

戦後の教育同盟は、日本国憲法の発布、教育基本法の制定、北米八教派からの援助団体であるIBCを通じて到達する物的・人的支援も手伝って息を吹き返し、戦時中のいくつかの学校の脱退により五二校まで減少した加盟校は、一九四八年には六五校、五六年には七七校まで増大した。こうして、戦後社会の学校教育全体の中でのキリスト教学校固有の教育目標と役割を確立していくことを目的として、教育同盟内部に常設委員会として新教育研究委員会が組織され、一九五二年に日本におけるキリスト教学校の教育目標、カリキュラム、ガイダンス、学校経営、教員の研修、キリスト教教育、進路指導についての「研究七項目」が発表された。一九五六年の第四四回総会において、教育同盟は名称変更や教育研究会の常設、これまでの大学・中高・小学校という学校種別の部会に加えて、全国を東北・北海道、関東、関西、西南の四地区に区分し、全国および、それぞれの地区協議会における部会別の教育研究活動の推進などを盛り込んだ「基督教学校教育同盟規約」を採択し、現場における教育研究活動を重視した機構改革を推進した。全国規模の研修の場として夏期学校は、一九四六年から東山荘で再開され、一九五七年からは学校職員に限定された夏期学校も開催されるようになった。戦前から始まった教員対象の夏期学校は現在「夏期研究集会」と呼ばれるようになり、職員対象の「夏期学校」とは日程的にも区別されている。戦前から教育同盟は聖書教科書編纂にエネルギーを注いできたが、一九五一年からは宗教主任や聖書科教師を対象とする「宗教教育講習会」（後に「宗教教育協議会」、「キリスト教教育協議会」と名称変更）も行われるようになった。教育同盟は一九五七年に、広報委員会を設置し、情報の共有化を促すとともに、全国の加盟校で使用する聖書科カリキュラムの編成を完成させ、プロテスタント開教一〇〇年を迎える一九五九年には『日本におけるキリスト教学校教育の現状』を刊行した。大きな戦争を挟みながらも、この五〇年間の躍進は目覚ましいものがあった。

(2)世俗化の時代の中で

一九六〇年代からの経済成長と進学率の高まりは、加盟校に規模の拡大をもたらした。規模拡大は大学において最も著しいが、高校においても進学率の圧力を受けて経営規模を拡大せざるをえなくなった。一九六六年第五四回総会において、「私学国庫助成」促進のための建議案が出され、「私学国庫助成方策検討委員会」を設置された。一九六九年には、全私学連合が私立学校助成法を目指し要望書を文部大臣に提出したのを受け、教育同盟も私学の人件費半額助成のみに訴えを絞り込んだ要望書を文部大臣宛てで作成した。そのような公的補助への依存と反比例するかのように、海外宣教団体からの教育同盟加盟校への物的、人的支援は減少した。戦後の北米八教派からの援助団体であるIBCの受け皿CoC（内外協力会）の学校関係の担い手は教育同盟から、それらの教派と実際に関連する加盟校のみから構成されるIBC関連学校協議会（後のCoC関係学校協議会）に移行していたが、日本の経済発展とともに、北米諸教会の関心が発展途上国に向けられたこともあり、他の海外宣教団体と同様に日本への援助は次第に減少した。一九七三年にＩＢＣは相互の宣教関係を旨とするＪＮＡＣ（日北米宣教協力会）に名称変更し、一九七五年には、ついに物的支援が停止するに至った。この年は奇しくも「私立学校振興助成法」が成立し、政府・自治体からの公的補助が確定した年でもあり、教育同盟がＮＣＣＪ（日本キリスト教協議会）からも離脱したことも手伝って、プロテスタントの教派を超えた国際的でエキュメニカルな結びつきという教育同盟存立の緯糸の解れを象徴する年であった。他方で、教派を超えたエキュメニカルな結びつきを担保するという意味で、一九七一年に教育同盟の内部に設立されたのがキリスト教学校教育同盟維持財団である。これは、加盟校からの要請をもとに、北米八教派からの援助金や出資金を基本財産として設立され、その事業展開の目的を「加盟校を維持し、わが国の教育に寄与、……加盟校の教育研究および奨学に対する助成、……加盟校の維持経営に要する資金貸付」に置いた。海外宣教団体からの国際的な支援に代わって、教育同盟内部の相互扶助により、窮乏する法人財政や経営問題を乗り切るための方策であった。

加盟校の規模拡大と海外宣教団体からの自立は、キリスト教学校の世俗化を招いた。学校規模の拡大は、学生・生徒数のみならず教職員数の増大を見たが、日本のキリスト者人口が少数に留まるなかで、増大する教職員の大半は非キリスト者であった。一九七七年の第七五回総会において、非キリスト者教員の増大という現実に適合させるべく教育同盟加盟基準第四項の改訂が行われた。それまでは「専任教職員の大多数がキリスト者であること」が加盟条件であったが、その改正で、専任教職員は「キリスト信者又はキリスト教教育に理解を示す者」へと緩和された。多数の非キリスト者勤務員を雇用する各加盟校において、役職者のキリスト者条項（クリスチャン・コード）が撤廃される状況の中で、教育同盟は二〇〇二年に加盟校に対して役職者のキリスト者条項に関するアンケートを実施した。一〇一加盟法人・九三法人から回答があったという回答率の高さからも、この問題が広く加盟法人間に共有され、関心の高い内容だったことがうかがわれる。アンケートによれば、院長にコードを課している学校は八三%、理事長六五・四%、学長六六・七%、校長八〇%である。一方で全教職員に対するキリスト者の占める割合は、大学教員の場合二九・八%、中高教員三五・九%、事務職員二四・七%と低い数値であることが示された。世俗化の時代において、教育同盟は、『日本キリスト教教育史――人物篇』（一九七七）、『日本キリスト教教育史――思潮篇』（一九九三）、そして一九七〇年代後半から一九八〇年代前半のキリスト教学校教師養成事業の成果として『キリスト教学校の教育――中高教師のために』（一九八六）、『キリスト教学校教育の理念と課題』（一九九一）といった書籍を刊行した。こうして、キリスト教会からのキリスト教学校の自立という、いわば神なき時代に、神の前で、神と共に歩むために、キリスト教教育の鐘を鳴らし続けたのである。

教育同盟は、文部省訓令第十二号により宗教教育が長年制限されてきたという苦い経験を持つだけに、戦後の国家主義的な文教政策に対して鋭敏であった。一九五三年文部省が中高の課程に道徳教育を導入する動きのあることを察知した教育同盟は、一九五五年に文部省に対して「倫理教育はいわゆる国家主義的思想に悪用される虞ある」との申し入れをし、一九五八年には道徳研究委員会を立ち上げた。結局教育同盟は「私立学校では宗教をもって道徳にかえることができる」という文部省令第二十五号を引き出すのに大きな貢献をした。この貢献の歴史的背景には、戦前に聖書教科書を作成し、戦後のある時期まで、統一化された聖書科カリキュラムのもとに聖書教科書の改訂版を出版した教育同盟の結束力があったと言えよう。しかしながら、文部省は、小中において「道徳の時間」を特設し、高校において「倫理社会」を設置した。以後、中央教育審議会答申や学習指導要領が打ち出す人間像に対して、教育同盟は教育研究委員会を中心に、キリスト教教育を基盤とした教育目標を表明していくことになる。また「神社参拝は宗教行事でなく、国民道徳の一手段である」という根拠づけから戦前に神社参拝をキリスト教学校が受け入れた経験から、靖国神社の国家管理化を目指す法案に対しても、一九六八年の第五六回総会においてこの件が懇談事項の一つになった。同年夏の行事では参加者有志から法案反対の声明文が出され、常務理事会により、「信教の自由」の観点から声明文が作成された。一九九〇年天皇の代替わりの際に行われる神道儀式である大嘗祭をめぐっても、地区協議会においてアピールが決議され、理事会がその対応を協議した。その後、国旗国歌法の制定、心のノート、改定教育基本法と続いた世紀末から新世紀初頭にかけてのネオ・ナショナリズムの攻勢は、国家主義的な文教政策との対峙という経糸を持つ教育同盟とって大きな試練であった。とりわけ教育基本法の改訂は、戦後の教育基本法の制定の際に、南原繁、河井道等のキリスト者が関わっていたことや、各加盟法人の寄附行為第一条には必ず「キリスト教主義によって教育基本法に従い教育を行う」といった類の一文があり、危機感はおのずと高まった。愛国心や公共の精神を強調した改定教育基本法は二〇〇六年一二月に制定された。二〇〇五年の中高代表者協議会や二〇〇六年の学校代表者協議会、二〇〇七年の夏期学校、夏期研究集会等々の教育同盟の行事において、改定問題を主題にした講演、シンポジウムが組まれたが、教育同盟として改定教育基本法に反対する機関決定はなされなかった。これまで大切にしてきた「個人の尊厳」の擁護のみならず、ニヒリズムやエゴイズムという戦後社会の風潮が生み出した「社会的規範力の低下」という問題に、キリスト教教育はどのように応えていくのか、二一世紀のキリスト教学校教育に課せられた大きな課題だと言えよう。

二　未来に向けての五つの提言

一〇〇周年を迎えたキリスト教学校教育同盟には、二〇一〇年一一月現在、九七の学校法人が加盟し、その小学校・中学校・高等学校・専門学校・短期大学・大学までの学校数は、二八五校に及んでいる。これらの学校に在籍する児童・生徒・学生の総数は三四万六〇〇〇人であり、最も人数が多い学校種である大学（大学院・通信課程を除く）の在籍者二二万一五五八人は、日本の大学在籍者数の約七・六％を占める。日本のキリスト教人口に比して、大きな数字である。だが、教育同盟の加盟法人は、ピークに達した二〇〇七年の一〇三法人から減少しており、二〇一〇年六月の第九八回総会では、政府の公益法人制度改革に伴い、財政的な相互扶助を目的としてきたキリスト教学校教育同盟維持財団の解散手続きに入ることを承認し、改革の方向を模索している。ここでは、一〇〇年の歴史から、未来に向けて五つの提言を試み、その任を果たすことにしたい。

(1)キリスト教学校教育の理念の明確化と一致

かつて、合同キリスト教大学運動が男子大学において挫折した時、教育同盟は、「日本の基督教教育総合的方針」を発表し、官立学校や改宗教育との違いを明瞭に提示し、連帯の絆を強化した。われわれは今、世俗化社会におけるキリスト教学校教育のミッションを明確化し、再び連帯の絆を強める必要があるのではないか。キリスト教学校におけるキリスト者教職員の比率が低下し、キリスト者条項の緩和に直面し、守旧論者は、キリスト教学校の根拠をキリスト教の礼拝やキリスト者構成員の比率の高い理事会に求めた。他方、革新論者は、非キリスト者教職員との協働を説いた。教育同盟は、キリスト者か非キリスト者かという設置主体の二項対立に陥ることなく、キリスト教学校のミッションである教育目標を高く掲げ、キリスト者であれ、非キリスト者であれ、それに賛同する教職員の一致団結を促し、児童・生徒・学生の教育に当たるような環境を整えなければならない。そのためには、キリスト教教育とは何か、それを実践するキリスト教学校とは何か、そしてその教育目標とは何かを非キリスト者教職員にも理解し、共有できる形で明確に示していかなければならない。

(2) エキュメニズムによる発展

教育同盟に加盟するキリスト教学校どうしは、個々の学校の設立の背景にある教派的特徴を超えたエキュメニズム（Ecumenism）によって結束を維持してきた。この点において、エキュメニズムは、独自の教義や信仰告白を重んじるキリスト教の教会よりも、正規の教育課程をもつキリスト教の学校において大きな力を発揮してきた。教育同盟はこのエキュメニズムという原動力に促されて、「キリスト教学校教育の充実発展を図り、わが国の教育に貢献することを目的」（「基督教学校教育同盟規約」『第四四回総会記録』一九五六年）としてきた。

第二の提言は、これまでプロテスタントのキリスト教学校同士の結束の原動力であったエキュメニズムをプロテスタントに限定せず、カトリックのキリスト教学校との結束にも拡げることである。すでにカトリックとは、一九五一年に新教育免許法が施行されるに当たり、正課としての「宗教」の位置付けが問題とされた折に、教育同盟は、基督教連合会、カトリック教区連盟と連名で「宗教」科目を正課として扱って欲しい旨を各方面に要請した。その後、教育同盟主催行事にゲスト・スピーカーとしてカトリック関係者を招く機会があったとはいえ、カトリック学校との間に結束を目指す動きはなかった。新世紀を迎え、二〇〇二年の第九〇回総会にカトリック学校連合会理事長の特別講演があり、それが教育同盟の歴史のなかで大きなエポックとなった。翌年からキリスト教学校教育懇談会が毎年カトリック学校連合との間に開催されており、今や関西地区においては教育同盟とカトリック学校連合に加盟する中高が共同で入試の説明会をするに至っている。

　エキュメニズムこそ、キリスト教学校に結束を促してきた原動力である。日本という異教社会の中で、教育同盟がこの国の教育にいっそうの貢献を果たそうとするならば、カトリック学校との間の結束を大切にすることが重要である。

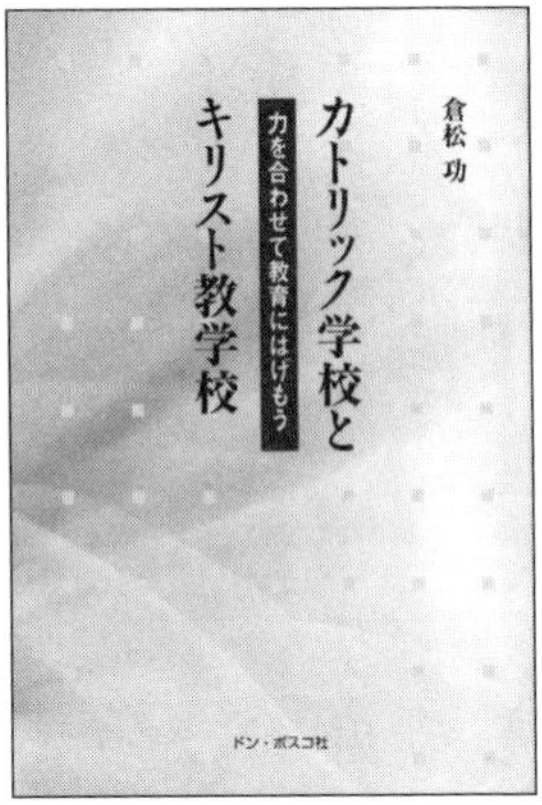

倉松功『カトリック学校とキリスト教学校』（ドン・ボスコ社，2006年）

(3)キリスト教による人間教育の推進

生まれながらに教育同盟は、主に海外宣教団体によって建てられ、その後も外国人宣教師の協力によって支えられてきた学校の同盟であり、また世界宣教会議によるキリスト教合同大学設立運動や国際基督教連盟調査団への報告書に見られるように、外国との交流にその特徴を求めることができる。今後は欧米だけではなく、かつて神社参拝を植民地のキリスト教学校にも強要した歴史を踏まえて、アジアのキリスト教学校との間の交流を活発化すべきである。大学部会では、一九八〇年代からアジアとの関係が問題提起され、とりわけ関西地区においては、一九九〇年代に日韓の間で日韓歴史教科書問題の協議を重ねた。その結果二〇〇〇年から韓国基督教学校連盟のそれぞれの総会への双方代表の出席が恒例化している。さらに、韓国のみならず、アジア諸国にネットワークを持つキリスト教学校の諸団体との連携を強めていかなければならない。

キリスト教学校はまた、女子教育において歴史的に卓越した役割を果たしてきた。その理由として、キリスト教教育が女子教育を家庭における女性の役割の教化に矮小化せず、神の前における人間の平等という観点を持ちえていたことに由来する。一九二二年に男子学校の基督教教育同盟会へ女子学校の日本基督教女子教育会が合流した前後には、教育同盟において男女交際法、女子職業問題が議論され、戦後には、男女共学問題が議論された。二〇〇〇年以降、男女共学志向の高まりや女子学校不人気の状況の中で、キリスト教女子大学・短期大学学長懇談会や、キリスト教女子中学校・高等学校校長会が開催されたが、両性の相互理解と協働の教育はキリスト教教育が果たすべき大きな課題である。

ほかに教育同盟は、広島と長崎のキリスト教学校から提起される平和教育、教会付属幼稚園での実績と伝統を持つ大学部会の保育分科会の活動、一九六一年という早くから始まった各地区のカウンセリング研究会、一九七四年からの小中高大の一貫教育の問題、一九八〇年代の暴力や不登校による教育現場の荒廃の問題、一九九五年の阪神・淡路大震災の時の加盟校のボランティア活動、そして近年の特別支援教育や発達障碍の問題へと、その時代のなかでの取り組みをしてきた。異質な者を受け入れ、異質な者や弱者との共生を志す教育は、キリスト教による人間教育の特色として今後とも堅持されなければならない。

(4) キリスト教学校教育の担い手の育成

教育同盟の古くて新しい課題にキリスト教学校教育を担う教職員の育成がある。キリスト者人口が少なく、教会という供給基盤に限度がある以上、意図的に専門的な人材養成をしなければ、キリスト教学校教育の存続が困難である状況に教育同盟は絶えず直面している。教育同盟の歴史において、この課題についてはこれまで三度の大きな試みがなされてきた。

最初は、一九二七年の第一六回総会に提案された師範科設置の試みである。この試みは、特定のキリスト教学校に師範科を設置し、その加盟校に財政的援助をし、生徒の授業料を免除してでもキリスト者教師を育成したいという野心的な試みであったが、最終的には計画段階で頓挫した。頓挫の理由には、加盟校どうしの間で資金が移動し、加盟校間の格差を助長することへの懸念があったように思われる。これは第五の提言とも関連するが、教育同盟が特定の加盟校への加担を容認する事業体でなく、加盟校どうしの主権を尊重する会議体であったことに由来した。

第二の試みは、世俗化が進展した一九七〇年代に取り組みの必要性が提起され、一九八〇年代初頭に実行に移された教師養成事業である。これも研究研修セミナーの開催と、加盟法人の大学の教育学部・教育学科との連携によるキリスト教学校教師の育成を掲げた壮大な企画であったが、キリスト者教師の育成なのか、キリスト教学校教師の育成なのかが明確でなく、また当該大学との綿密な打ち合わせが不足していたために、現職教員を対象にそれぞれ四年間の研究・研修セミナーが開催されたにすぎなかった。

第三の試みは、二〇〇六年から各地区でスタートした「教職員後継者養成プロジェクト」である。これは東北学院大学・青山学院大学・国際基督教大学をパイロット大学として、将来のキリスト教学校の教職員を希望する学生を対象にガイダンス、体験・見学、養成講座を実施している。このプロジェクトは、その対象にパイロット校の学生のみならず、他大学の学生も含んでいること、またキリスト者のみならず非キリスト者の学生にも広げられていること、教員のみならず、その同労者である職員も希望職種に加えられていることからして、これまでの教育同盟の歴史のなかでは、最も期待できるプロジェクトであり、参加学生への就職保証等の問題を抱えているとはいえ、その成否が今後のキリスト教教育の存続を大きく左右するといっても過言ではない。

また近年の、特に地方における生徒・学生の募集に対する危機は深刻である。教育同盟は一九七〇年代に高大の推薦入学制度を設けたが、地方の大学から都市の大学

『教師をめざす君たちへ』
（キリスト教学校教育同盟，2007年）

への授業の履修を目的とした「学生渡り鳥制度」の実現や、地方の学校から都市の学校への職員の研修派遣など、教育同盟が都市と地方を結束させ、相互扶助の役割を果たしていくことが重要である。

(5)組織改革の必要性――総会改革を例に

文部省訓令第十二号のもとでキリスト教学校が劣位な扱いを受けていた時期に、敢然とキリスト教教育の旗を掲げそこに結束した一〇〇年前と比較して、教育同盟は組織上是正すべき多くの矛盾を抱えている。現在の教育同盟の組織的な骨格は一九五六年の第四四回総会で制定された規約に基づいているが、半世紀以上の歳月が流れており、何よりも総会に関して、意思決定機能と、友誼研修機能が未分化のままである。

野本真也理事長は、総会の空洞化を指摘して以下のように述べている。

「規約第一六条には「本会に加盟している学校法人、その設置する学校および総合学園、ならびに大学各学部はそれぞれ一名の代表者を総会に出席させる」と規定されています。今年度〔二〇一〇年度〕の総会は学校代表者定数が六三二名で、実質的出席者数は二四〇名で委任状が二六〇名でした。……空洞化は明らかです。……二〇〇八年六月、総会構成員を加盟学校法人理事長または理事長代理者に変更する改正案が総会に提案されましたが決定に至らず現在宿題となっています」(『一〇〇周年紀念誌――東北・北海道地区』東北・北海道地区協議会、二〇一〇年、五六頁)。

大学の学部長までもが教育同盟の総会に出席する義務があるのだろうか。今や空洞化した総会に意思決定機能を回復させ、決定に実効性をもたせるためには、どのような仕組みが必要なのだろうか。総会の構成員を理事長、もしくは理事長代理に限定するならば、総会で諮られるべき課題の共有化、合意形成のための意見交換の場が担保されなければ、総会の決定が実効性をもつことは難しいであろう。そのような課題の共有化、合意形成のための意見交換の場として、キリスト教学校各校の学校種別責任者の協議会（Association）の重要性を提言したい。たとえば、仏教系大学・短期大学は仏教系大学会議を一九九四年から発足させており、現在の大学・短期大学を取り囲むさまざまな課題についての研修が行われ、意見交換の場となっている。そこには、六五校の仏教を建学の精神とする大学・短期大学の学長が仏教信仰の有無にかかわらず毎年ほぼ全員集まるという。大学長会議、中高校長会議、小学校校長会議等各学校種別責任者の間で、課題の共有や意見交換の場が担保されてはじめて、総会の意思決定に実効性が生まれてくるように思われてならない。

一〇〇年前の基督教教育同盟会が有していた「同盟」という強い結束を意味する言葉を再生させるためには、毎年開催される大規模な総会が必要かという検討と併せて、協議会という現場を重視した意思決定過程の重要性が考慮されなければならない。

最後に、二〇一一年三月一一日の東日本大震災は、死者・行方不明者約二万人の大惨事になった。とりわけ、福島第一原子力発電所の連鎖事故も重なり、多くの人がいまなお避難を余儀なくされており、復旧復興への途は困難を極めている。教育同盟は一九九五年の阪神・淡路大震災の時のように援助金を集約することはせず、理事長名で各加盟校が直接被災加盟校に援助することを訴えた。また、全国一四大学のボランティア学生が東北学院大学を拠点として、支援活動を展開しているが、そのうち、八校は教育同盟加盟校である。この点は、教育同盟のこれまでの一〇〇年がナショナリズムに対立するエキュメニズムという枠組みでの活動であったのに対して、これからの一〇〇年は、エキュメニズムに媒介されながらも、グローバリズムに対応するボランタリズムという枠組みへの移行の可能性を示しており、教育同盟が時代の変化に柔軟に対応しながらも、未来に対してこれからも大きな希望を与えていくことを示唆していると言えよう。

《著者紹介》

大西晴樹（おおにし・はるき）

1953年北海道生まれ。法政大学法学部卒。明治大学大学院政治経済学研究科博士前期課程修了。神奈川大学大学院経済学研究科博士課程単位取得。経済学博士（神奈川大学）。明治学院大学長，明治学院長を歴任。

現在，明治学院大学経済学部教授，キリスト教史学会理事長。元キリスト教学校教育同盟百年史編纂委員長。

著書に『イギリス革命と千年王国論』（共著，同文館出版，1990年），『人権とキリスト教』（共著，教文館，1993年），『イギリス革命のセクト運動』（御茶の水書房，1995年），『近代西欧の宗教と経済』（共著，同文舘出版，1996年），『明治学院人物列伝』（共著，新教出版社，1998年），『近代ヨーロッパの探求3　教会』（共著，ミネルヴァ書房，2000年），『長老・改革教会来日宣教師事典』（共著，新教出版社，2003年），『イギリス革命論の軌跡』（共編著，蒼天社出版，2005年），『〈帝国〉化するイギリス』（共編著，彩流社，2006年），『NHKカルチャーラジオ 歴史再発見　ヘボンさんと日本の開化』（NHK出版，2014年）などがある。

キリスト教学校教育史話

——宣教師の種蒔きから成長した教育共同体

2015年2月20日　初版発行

著　者　大西晴樹
発行者　渡部　満
発行所　株式会社　教　文　館
〒104-0061　東京都中央区銀座4-5-1
電話03(3561)5549　FAX 03(5250)5107
URL http://www.kyobunkwan.co.jp/publishing/
印刷所　株式会社　平河工業社

配給元　日キ販　〒162-0814　東京都新宿区新小川町9-1
電話03(3260)5670　FAX 03(3260)5637

ISBN 978-4-7642-6991-0　　Printed in Japan

© 2015　　落丁・乱丁本はお取り替えいたします。

教 文 館 の 本

キリスト教史学会編 **宣教師と日本人** 明治キリスト教史における受容と変容 四六判 234 頁 2,500 円	宣教師たちが日本にもたらしたキリスト教とはどのようなものであったのか。日本人はそれをどう受容したのか。明治期キリスト教の特質と宣教師の活動の歩みを、正教会、カトリック、プロテスタント諸教派にわたり網羅した初めての研究。
岡部一興編　高谷道男／有地美子訳 **ヘボン在日書簡全集** A 5 判 534 頁 7,200 円	1859 年の来日以降、ヘボンが米国長老教会本部に送ったすべての書簡を収録。彼が携わった医療・教育・聖書翻訳・辞典編纂等の活動から、日本の文化・風土・風習までを克明に書き記した、開国当時の日本を知る第一級の史料。
同志社大学人文科学研究所編 **アメリカン・ボード宣教師** 神戸・大阪・京都ステーションを中心に、1869〜1890 年 A 5 判 488 頁 4,500 円	明治初期にアメリカン・ボードから派遣された宣教師たちの活動を、宣教師とボード幹事との往復書簡を基本資料として精査し、在米ボード本部と個々の宣教師、当時 の日本の教会や地域社会とのダイナミックな相互関係を明らかにする。
キリスト教史学会編 **植民地化・デモクラシー・再臨運動** 大正期キリスト教の諸相 四六判 252 頁 2,500 円	日露戦争から満州事変までの四半世紀は、帝国主義とデモクラシー思想が進展する近代日本の転換期であった。韓国の植民地化、吉野作造の民本主義、内村鑑三の再臨運動という三つの論点を中軸に、大正期のキリスト教史の展開を分析する。
K. -H. シェル　後藤哲夫訳 **賀川豊彦** その社会的・政治的活動 A 5 判 212 頁 2,600 円	キリスト教の愛の実践者、労働運動、組合運動の先駆者として激動の時代を生き抜いた賀川豊彦。その生涯と多様な働きを、日本におけるキリスト教宣教史の文脈の中に位置づけた、貴重な「ドイツ人から見た賀川豊彦」像。
キリスト教学校教育同盟百年史編纂委員会編 **キリスト教学校教育同盟百年史　年表** B 5 判 126 頁 1,200 円	1910（明治 43）年の結成から 100 周年を迎えたキリスト教学校教育同盟の、今日までの歴史を辿る年表。各種資史料から立項した事項項目から、キリスト教学校教育が近代日本教育史に刻んだ足跡を俯瞰する。
キリスト教学校教育同盟百年史編纂委員会編 **キリスト教学校教育同盟百年史** A 5 判 400 頁 3,500 円	1910（明治 43）年の設立から 2010 年に至るまでの、キリスト教学校教育同盟の 100 年を概観する通史。世俗化の試練における日本のキリスト教学校の連帯の歴史を振り返り、キリスト教による人間教育の行く末を展望する。

上記価格は本体価格（税別）です。